LUAの
12星座占い

LUA

成美堂出版

はじめに

星占いは、私たちを尊重し ありのままを受け入れてくれる

「今日は嬉しいことがあった！」「ラッキーだった！」と思って有頂天になっても、「あとは下がるしかないのかも……」と、せっかくの幸せ気分を自ら打ち砕くようなことをしてしまう経験は、きっと誰にでもあるでしょう。

それ以外にも、「友だちが結婚した」「同期の同僚が大抜擢された」といった、喜ばしい出来事を素直に祝えず、「それに比べて私は」とうなだれたり、嫉妬に駆られ、相手の失脚を願ってしまったり。また、たまたま続いたスランプや度重なるアンラッキーに「どうして私ばかり……」と思い込み、自らに負の呪いをかけてしまうようになることも。

このように周囲の状況によってグラグラと気持ちが揺らいでしまう自分に心当たりはないでしょうか？　それは「自己肯定感」が足りていないのが原因です。自分で自分を認めることができず、無意識のうちに「誰か／何か」

に埋めてもらおうという心理が働いているのかもしれません。こうした満たされない状況が続くと、感情的になって暴走したり、1人で落ち込んで鬱々としてしまったりするもの。

どうして私たちは自分で自分を肯定することができないのでしょうか？こうした性格の要因はどこから生まれるのでしょう？

そんな悩みに寄り添い、性格の傾向を教え、自分を見つめ直すきっかけをくれるのが、占いとしておなじみの「12星座」です。

本来はあなたの生年月日からホロスコープ（星の配置図）を作って、それを読んでいくものですが、それを少し変わった形でお届けしたいと思います。ホロスコープいらずで、それでもあなたの心の形や、より深い部分が見えてくる方法です。これを使うことで、自ずと「自分の魅力はこういうところなんだ」「これも個性なんだ」と認めることができるようになっていくでしょう。

LUA

Contents

※星座の境目の日付は生まれ年によって若干、異なります。本来はホロスコープを算出して計算しますが、本書では一般的な日付を取り上げています。

第4章 運気を上げる1年の過ごし方

第5章 関係を深める「相性」占い

第1章

12の星座が教えてくれること

星占いとしておなじみの12星座。
すべての星座に意味があり、価値観や生き方を映し出します。
まずは星座と人との関わりを読み解いていきましょう。

星座はあなたを映し出す鏡

12星座はどうやって決まるの？

我々は、地球という星に生まれた地球人。地上で優劣を競っていても、美しい星に住む人間の1人にすぎません。そして宇宙には地球以外にも様々な星があり、互いに影響し合っています。もちろん地球も例外ではありません。それぞれの星からの影響は、12星座を思い浮かべるとわかりやすいでしょう。

12星座と聞くと「私は牡牛座だから」「双子座だから」とどれか特定の1つの星座だけが、自分にとって特別なのだと思っている人が大半でしょう。でも、実はそれ以外の11の星座もあなたの中にあると知ったら驚くでしょうか？

そもそも、生まれた日時の太陽の位置で決まるのが星占いの星座です。12星座は、太陽の通り道である黄道を30度ずつ、12等分したものです。昼夜が同じ長さになる春分の日に太陽が赤道と交わる春分点を牡羊座として、そこから牡牛座、双子座、蟹座……と12の星座を割り振っています。そして365日、太陽は12の星座のどこかを通過しているのです。

その通過している期間は、太陽がその星座の特徴を照らし出し、スポットライトを当てるシーズンと言い換えることもできるでしょう。地球上に暮らし、

日々太陽の恩恵を受けている私たち人間は、毎日何かしら太陽が位置する星座の影響を受けているのです。それは移り変わる四季のようなもの。つまり12の季節があり、それによってその時々で私たちの性格や気分、世の中のムードも変化しているのです。

星座は考え方や感情の傾向を表している

今あなたが知っている「○月○日生まれの○○座」というあなたの星座は、あなたが生まれた日時の太陽の位置で決まります。あなたが生まれた時に太陽が位置していた方角にあった星座です。太陽が牡牛座の位置にあれば「牡牛座生まれ」、天秤座の位置にあれば「天秤座生まれ」ということになります。これを太陽星座と言います。人はこの太陽星座の影響をもっとも強く受けるので、その星座が象徴するような性格になりやすいと言えます。

星占いにおける太陽は、その人の価値観や生き方、人生や性格のアウトラインとして表れやすい重要なポイント。そのため、これほどまでに太陽星座での占い、つまり12星座占いが世の中に広まったのでしょう。

でもそれ以外の星座も、確実にあなたの中に存在しています。今この時も、

この季節の星座の影響を受けているでしょう。また私たちは日々、いろいろな星座に生まれた人たちとこの社会を生きており、無意識のうちに他の星座の考え方や行動などの影響も受けています。だからこそ「いつもは弱気な性格だけど、いざという時は強い自分が出る」「普段はルーズだけどこういう場面では几帳面になってしまう」など、自分の中に相反する自分がいるように感じるのです。そうした正体不明な自分を明らかにして、理解し、肯定するヒントをくれるのが12星座なのです。

12種類の性質が、あなたの中に存在している

まずは、牡羊座から始まる12星座の特徴を簡単に並べてみましょう。

どんな時も素早く動く牡羊座。　じっくり取り組む牡牛座。
大事な場面で機転が利く双子座。　自分事のように相手を思いやれる蟹座。
人の心に光を灯す獅子座。　必要なものを見極めて提供する乙女座。
いつでも中庸を保つ天秤座。　1つのことに集中する蠍座。
次のステージを目指す射手座。　計画的に目標を実現する山羊座。
常識にとらわれない水瓶座。　豊かな感性ですべてを受け入れる魚座。

たったこれだけの中にも、今のあなたにフィットする性質、心当たりのある特徴を持つ星座が複数あったのではないでしょうか？　このように生まれ星座とは関係なく、あらゆる星座の側面が、あなたの中で生きています。

その日の気分で、考えがいかようにも変わっていくのと同じで、1人の人間であっても、出てくる側面はその時々で変わります。一緒に過ごす相手によって見せる自分が変わるのは日常茶飯事ですし、季節や体調、女性なら身体のサイクルによっても、「この時期にはイライラした自分が出てくるけれど、この時期にはハイテンションな自分になりやすい」といったことがあるはず。これほど多様な人間の顔を、たった1つの星座だけで言い表すのは難しいのです。

好きな自分、嫌いな自分。どちらもいて当然

だからこそ、日によって好きな自分・嫌いな自分がいて当然です。

電車で席を譲った。物を落とした人に拾って届けてあげた。誰かのミスをフォローした。作業がはかどり充実の1日にできた……こうしたポジティブな自分で過ごせた時は、心が満たされ、自分自身を好きになれます。

反対に、早起きするつもりだったのに二度寝してダラダラと1日を無駄にし

てしまった。つい余計なことを話しすぎてあとから自己嫌悪に陥った。最後まで話を聞かずに仕事を始めてしまって二度手間になった……など、「どうしてこんなことをしてしまったんだろう」と思うこともあります。
こうした思いを抱えているのはあなただけではありません。誰にでもあることです。３６５日24時間、１００％好きな自分でいることはまず不可能。誰もが素敵で誇らしい自分と、最低で見たくもない嫌いな自分を日々繰り返して生きています。「好きな自分」と「嫌いな自分」で構成されているのが１人の人間なのです。

「12星座バランス」で本当の自分が見える

心当たりのない「嫌いな自分」が出てきた時は、それは自分が意識していない他の星座の側面が出ていると考えてみてはどうでしょうか？　逆に自分では気づいていない時に「好きな自分」が出ている可能性も十分にあります。

それも12星座の仕組みをイメージすれば、腑に落ちるはず。星占いでは左上のイラストのような「ホロスコープ」という星の配置図を用いますが、この12星座の円環があなた自身を表します。他の11星座の要素も確かにあなたの中に

これが西洋占星術で使うホロスコープ、つまり出生時の星の配置図です。内側の円が太陽や月、水星などの惑星です。一番外側の円が12星座で、惑星がある位置を表しています。

存在することがわかるでしょう。本格的なリーディングをする際は、円の中に散らばる惑星などを見ていきますが、本書では難しいテクニックを使うことなく、あなたの個性を浮き彫りにしていきます。

まずは、あなたの中に12の性格＝12の星座があるとイメージしてください。そこから、ある星座の側面を強く持っているからこういうことが得意、もしくはこの星座の側面が少ないからこういう部分では弱気になるなど、性格を可視化していきます。

これを本書では「12星座バランス」と表現しています。あなたがどの星座の性質を色濃く持っているのか、あるいは少ないのかをチェックテスト（P.14）で割り出し、そしてそれを1つのレーダーチャートにした「12星座バランスシート」（P.18）を作ります。そこにできあがるのが、あなたの心の形。それをまずは目で見てみましょう。自分を客観視することが、ありのままの自分を肯定する第一歩です。

あなたの個性はどんな形になる？

実践！「12星座バランス」チェック

ここから12種類のチェックテストを行います。
あなたが何座生まれかは問わず、
全星座のリストを読んで当てはまるものに
チェックを入れてください。
そしてその個数を最後の空欄に記録してください。

♉ 牡牛座的素質CHECK

- ☐ 衣食住、すべてに「定番・お決まり」がある
- ☐ 簡単に諦めず最後までやり遂げる
- ☐ 人にペースを乱されるとイラッとする
- ☐ 人生に新しいことを取り入れるのが苦手
- ☐ 最近、捨てられない物がたまってきている
- ☐ 気持ちの表現が極端になりやすい
- ☐ 嫌な出来事が忘れられず、気づけば何度も反芻している
- ☐ 着心地のいいジャージが一番のくつろぎアイテムだ

当てはまるものは……　　個

♈ 牡羊座的素質CHECK

- ☐ ハードルが高ければ高いほど燃える
- ☐ やると決めたらすぐに行動する
- ☐ 誰かに出し抜かれるとイラッとする
- ☐ 「大丈夫？」と心配されるとバカにされた気持ちになる
- ☐ 他人の話が長いと感じ、じっと聞くのが苦手
- ☐ できることなら人の指図は受けたくない
- ☐ 出かける際の身支度はかなり早いほうだ
- ☐ 最近、何かを「待つ」ことに耐えられなくなってきた

当てはまるものは……　　個

獅子座的素質CHECK

- □ 発言に「私が（は）」が入ることが多い
- □ 何事も実際にやってみて理解するタイプ
- □ 楽しい時間を過ごすために全力投球、ノリの悪い人は許せない
- □ 人に対して声を荒げることに抵抗がない
- □ 大らかで太っ腹、細かいことは気にしない
- □ 自分という人間が大好きだが、実は自己矛盾を抱えている
- □ 夜になると目が冴えてしまう
- □ 最近、力技で無理を押し通したことがあった

当てはまるものは……　□個

双子座的素質CHECK

- □ 人に対して警戒心を抱くことはほとんどない
- □ 好奇心旺盛で、常に流行を検索している
- □ 何かを1から学ぶのが好きで新しいものに抵抗がない
- □ 面倒なことは嫌いで都合の悪いことは意図的に忘れる
- □ 1つのことをし続けるのが苦手ですぐに飽きる
- □ お茶を飲んでいる時がホッとする
- □ 最近、テンションのアップダウンが激しい
- □ 自分でも融通とトンチが効いてノリのいい人間だと思う

当てはまるものは……　□個

乙女座的素質CHECK

- □ 早起きをするのが苦ではない、むしろ朝型だ
- □ 自他ともに認める潔癖だ
- □ 規則正しくルーティンを継続するのが得意
- □ 最近、無意識のうちに人に嫌味や皮肉を言った
- □ どんなことも基礎から学ぶのが好き
- □ ロマンチストなのにやたら現実的
- □ 「こうしたほうがいいのに」と思うと人に言わずにいられない
- □ 肝心な場面で思いきったことができない

当てはまるものは……　□個

蟹座的素質CHECK

- □ 困っている人がいると見ず知らずの人でも放っておけない
- □ 汚れた物はすぐに洗わないと気が済まない
- □ 正しいことのためなら、多少の衝突も怖くない
- □ 気づけば周囲の人の心情に共感していることがある
- □ ショックを受けると立ち直りに時間がかかる
- □ 最近、仲のいい人を特別扱いして、それ以外の人にそっけない態度をとった
- □ 大成功を収めるより、日常の小さな喜びと幸せが大切
- □ ロジカルに割り切れず、最終的に感情を優先する

当てはまるものは……　□個

射手座的素質CHECK

- ☐ 新しい発見にワクワクする
- ☐ 知って考えること、学ぶことが好き
- ☐ 初対面の人や海外の人と話すのは苦ではない
- ☐ 生活にこだわりがなく、どんな場所でも暮らせる自信がある
- ☐ 同じことの繰り返しは何よりも苦痛
- ☐ やり始めたら止まらない、止められない
- ☐ 寝るとすべてをリセットできる
- ☐ 最近、予定もなくふらっと旅行をした

当てはまるものは……　　個

天秤座的素質CHECK

- ☐ どんな人からも「親切な人」と思われている自信がある
- ☐ どんな人とも一定の距離をとりたい
- ☐ 物理的・精神的に美しいものを好む
- ☐ 「みっともない」はもっとも忌み嫌うワードだ
- ☐ 周りの目が気になり、意見や思いを率直に伝えられない
- ☐ とにかく諍《いさか》いやケンカが苦手
- ☐ 1つ（1人）を特別扱いしたくない
- ☐ 最近、相手に強く押されて「イエス」と言ってしまったことがある

当てはまるものは……　　個

山羊座的素質CHECK

- ☐ 常に冷静で取り乱すことはまずない
- ☐ 着実に努力を続ければ目標を達成できると知っている
- ☐ お金も人生も事前に計算尽くし
- ☐ 現実的に可能かどうかを具体的に判断する
- ☐ 根本的に人を信じられず、団体行動が苦手
- ☐ 暇にならないように休日も何かと予定を入れる
- ☐ 「臨機応変に」と言われるとイラッとする
- ☐ 最近、身体が硬くこり気味だ

当てはまるものは……　　個

蠍座的素質CHECK

- ☐ 人の話をじっくり聞いている時が安らぐ
- ☐ 最近、人の秘密や弱みを握った
- ☐ 良くも悪くも精神的にタフ、苦境に強いと思う
- ☐ 1つのことにのめり込むと時間を忘れる
- ☐ 人が知っていて自分が知らないことがあると許せない
- ☐ 気づくと夜更かししている日が多い
- ☐ 知り合いを増やすより1人の人間と時間をかけてつき合うのが好き
- ☐ 人に合わせるのが苦手、器用に立ち回る人が嫌い

当てはまるものは……　　個

♓ 魚座的素質CHECK

- ☐ 無意識に詩的な表現をしている
- ☐ 「ノー」を言えずに飲み込んでしまうことが多い
- ☐ 哀れなものを見ると思わず涙があふれる
- ☐ どんな場所にでもすんなりとなじめるのが特技だ
- ☐ 雰囲気に流されやすく、当初の予定が崩れがち
- ☐ どんな考えや教えも素直に受け入れられる
- ☐ 考え事をして眠れない夜を過ごすことが多い
- ☐ 最近、世界情勢に一喜一憂した

当てはまるものは…… ☐ 個

♒ 水瓶座的素質CHECK

- ☐ どんな人にも偏見のないバリアフリーマインド
- ☐ 常に独創的な人間でありたいと思っている
- ☐ 「オタク」「ニッチ」は褒め言葉
- ☐ 「最新鋭」「新発明」というワードに胸がときめく
- ☐ 最近、気になっていたものを試してみた
- ☐ ポリシーを曲げるくらいなら死んだほうがまし
- ☐ 人とのつき合い全般に消極的
- ☐ 人に持論を披露するのが好き

当てはまるものは…… ☐ 個

それぞれの星座でチェックを入れた項目の個数を、次のページの「12星座バランスシート」のレーダーチャートの軸に書き込んでください。グラフの1〜8の数値がチェックを入れた個数に対応しています。その点を結んだものが、あなただけの「個性」を形にしたもの。あなたはいったいどんな形になるのでしょう？

←結果をP.18のシートに書き込みましょう

あなたの個性はどんな形？

書き込み式

12星座バランスシート

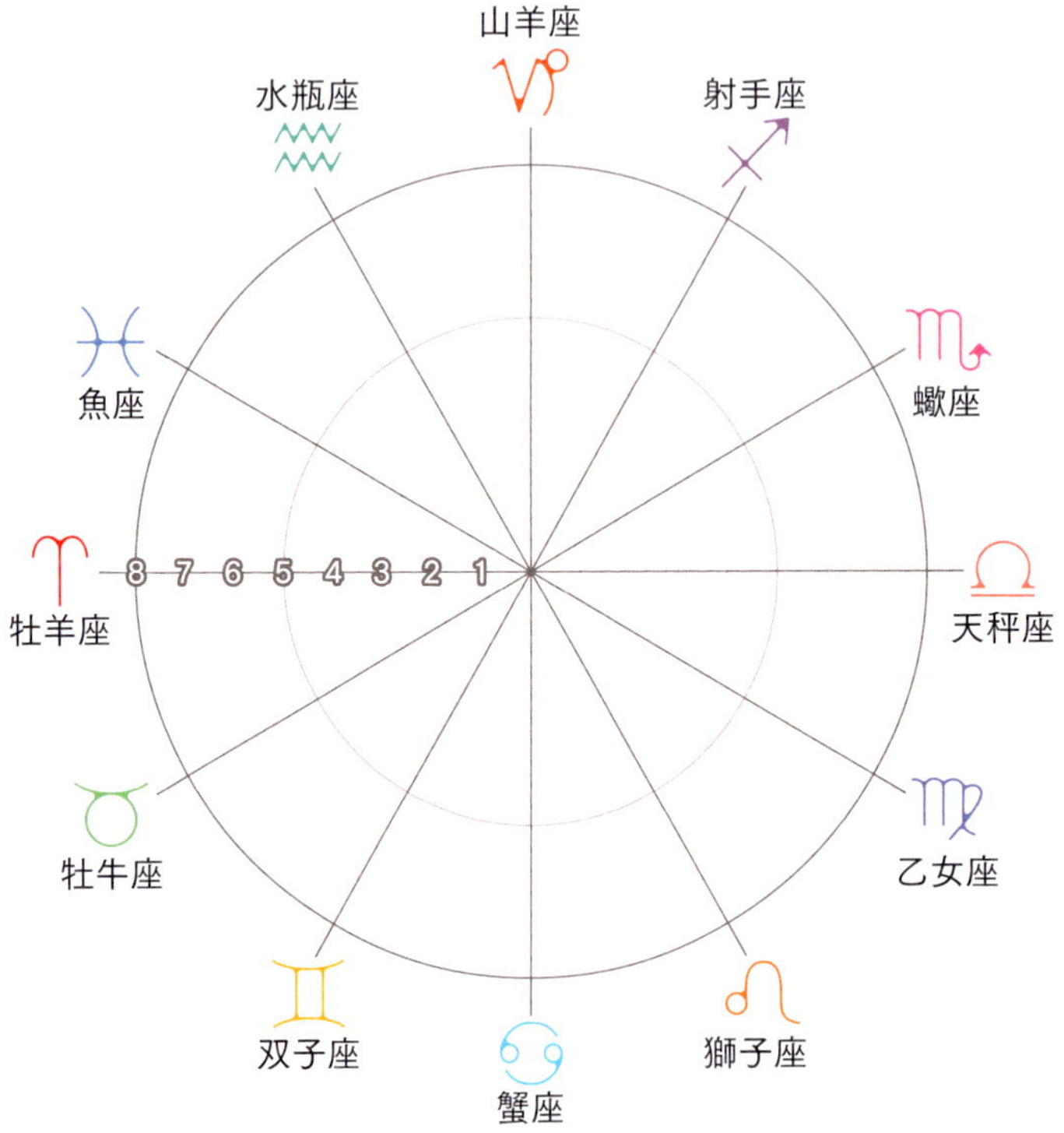

できあがったチャートは「あなたの個性」をそのまま表しています。

飛び出している星座の性質を強く持っており、欠けている星座の性質はあまりないということになります。多ければいい、少なければ悪いというわけではなく、それがそのまま「あなたの個性」。人と比べたり、少ないところを嘆くのではなく、まずはそのままの自分を認めることから始めましょう。

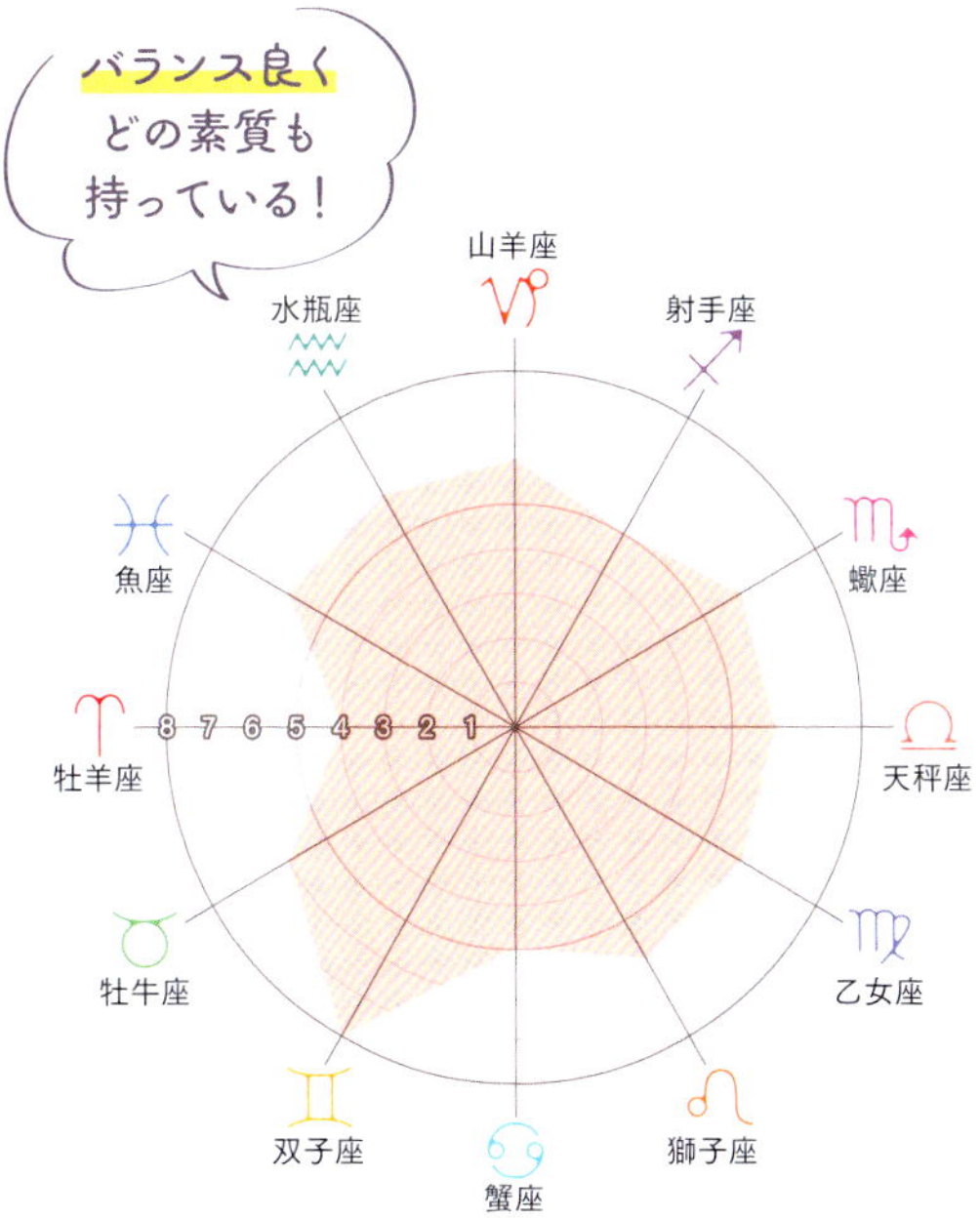

例1

普段の星座は
乙女座の
Aさん

乙女座のAさんですが、意外と双子座の性質が色濃く出ていることが判明しました。うまくいかない時などは双子座を参考にしたほうがしっくりくるかもしれません（詳細はP.67～）。とはいえ、おおよその星座に該当する項目があるバランスタイプ。季節の影響を受けやすいということでもあるので、その時々の過ごし方も参考にするとより運の波に乗りやすくなるでしょう（詳細はP.167～）。

例2

普段の星座は
牡羊座の
Bさん

牡羊座のBさんは牡羊座の項目だけが突出しており、その他の星座にはあまりチェックがつきませんでした。つまり「牡羊座らしさ」が存分に出ているキャラクターということ。ただし一極集中の強さは時に弱さにもつながります。そんな時は、正反対の天秤座の性質を意識するといい方向に向かいますよ（詳細はP.107～）。

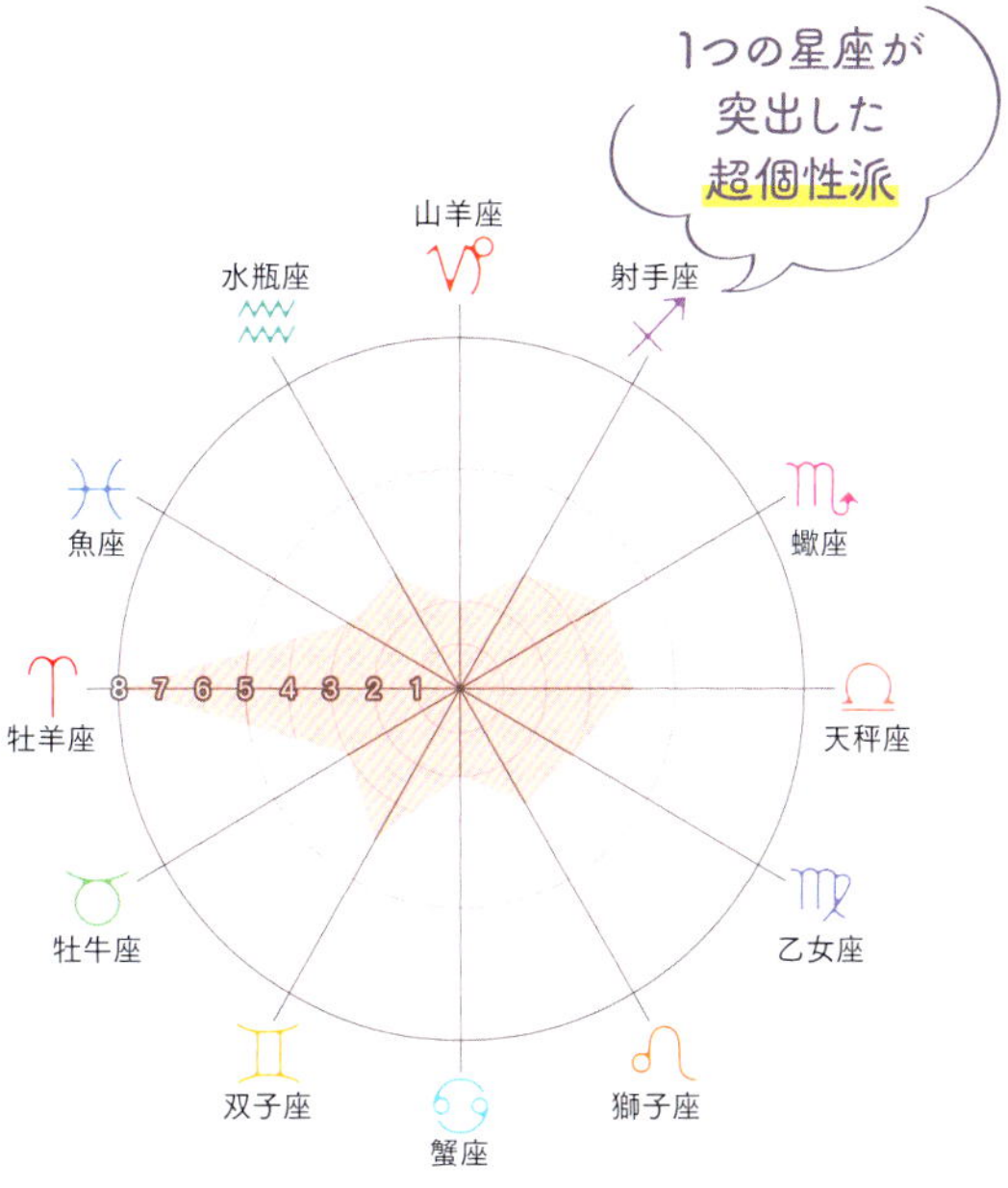

その凹凸は唯一無二のあなたの“個性”

あなたの凸凹は、それ自体が素敵な輝きを放っている

テストの結果はいかがでしたか？　チャートの形はまんべんないバランス型、どこか一ヵ所が目立つ突出型、どちらだったでしょう？　いずれにしろ、できあがったグラフの凸凹があなたの「個性の形」です。12星座成分のどこが強くて弱いかだけでなく、全体を見てください。凸凹でちぐはぐな12の側面は、あなたの唯一無二の形であり、極端なところがあっても、それがあなたの個性のもとになっているとすれば、愛おしく思えてくるのではないでしょうか？

ここで言う「個性」とは、単に独自性の強さや奇抜さのことではありません。「○○が得意／○○が苦手」という特徴にすぎず、「つい興奮すると熱中してやりすぎる」のも個性で「トークがうまいのに詰めが甘く、いつも惜しい状態になる」のも個性です。長所になるか、短所になるかは他の星座成分とのバランスや場面しだい。たとえあなたの気に入らない「嫌いな自分」がいたとしても、クセやアクの強さとして出てしまっているだけで、それもあなたらしさ。

このチャートを見て「自分はこういう人である」と素直に肯定し、受け入れると、自分の扱い方がわかるようになります。嫌いな自分が出てきそうな時に、

それに即座に気づいて「気をつけよう」と思えるでしょう。そうして嫌いな自分の出番が減れば、好きな自分の登場率が格段と増えていくようになります。欠けているところを自覚できれば「ここはもっと補わなきゃ」と意識できるようにもなるはず。逆に秀でた長所であっても、度を超えれば残念な結果を招いてしまうこともある、ということにも気づけるでしょう。

まずは「これが私である」と理解する。そうすれば自分を過小評価したり、過大評価することはなくなります。他人に対しても「皆それぞれに凸凹を抱えて不器用に生きているのだな」とわかるようになります。自ずと自分を肯定できるようになり、他人へのリスペクトも生まれ、あなた自身も尊重されるようになっていくでしょう。

凸凹は個性そのもの。真っ平らにならされてしまったら、個性はありません。これからはあなたの凸凹を認めて愛し、うまく使いこなしていきましょう。自分で自分の感情を調整できるようになれば、心も自然に落ち着いていきます。気まぐれに左右されずに、安定した日々を送ることができるようになるのです。

私たちの心の形を見せてくれた「12星座」。それぞれがどんな性質を持っているのか、一つひとつ詳しく見ていきましょう。

Column 1

＼教えてLUAさん！／

すぐにイライラして態度に出てしまいます

自分の機嫌は自分でとる 人にぶつけるのはおしまいに

「機嫌が悪そうだから触れないようにしなければ」「ちょっと機嫌をとっておこう」。他人に対してそんな風に思ったことがあるはずです。こんな風に「機嫌」は言葉にしなくても、空気ににじみだしてしまうもの。そして気づかないうちに周りに気を遣わせ、迷惑をかけるのです。あなた自身も同じことをしていませんか？

感情的に当たり散らすような機嫌の悪さはまだわかりやすいほうですが、皆に聞こえるようにため息をついたり、何日間も落ち込んだ様子を見せて、誰かに「大丈夫？」と声をかけてもらうのを待っているケースもあるはず。こういう振る舞いは子どもと同じ。

人に何とかして機嫌をとってもらおうとするのは、もう終わりにしましょう。寒いなら服を着て、暑いなら服を脱ぐように、あなたの心地良さは自分自身で調整していきましょう。それが、自分で自分の機嫌をとるということです。

「こんな自分は嫌い」と自己嫌悪に陥るような行動をとったとしても、時と場合によって、プラスの面もあるかもしれません。まずは、自分を知ること。そして何が必要なのかを感じ、それを補いながら、ご機嫌な自分を保っていくこと。あなたは自分の人生のゲストではありません。あなたの人生はあなたが歩むもので、あなたはメインキャストなのです。機嫌をとることを人任せにしないで、自分でコントロールしていくのがこれからの時代です。

第2章

季節から星座の特徴を読み解く

西洋で生まれた星占いですが、不思議なことに
日本の暦とのつながりを感じられます。
四季に合わせて、星座ごとの特徴を見てみましょう。

太陽が照らし出す
星座と四季のつながり

12星座と季節は、不思議とリンクしている

星占いは紀元前7世紀のバビロニアで生まれたと言われています。日本とは、場所も時代も文化も異なります。ですが、不思議と日本の気候や時期の持つイメージ、風土や慣習などとリンクしているように思えます。

では、ここからは季節のサイクルと12星座の関連について、もう少し詳しく見ていきましょう。それが各星座をより深く知る手がかりになるからです。

暖かで心地いい春生まれの人は、ポジティブで明るい性格。太陽が降り注ぐ暑い夏の生まれの人は、感情が豊かでエネルギッシュでしょう。収穫の恵みを得て、落ち着いた心持ちで過ごせる秋生まれの人は、美的センスがあり、芸術的な感性が備わっています。厳しい寒さの中で耐えしのぐ冬生まれの人は、忍耐強く、逆境に負けない強さの持ち主です。

個人によって程度の差はあれ、思いのほか季節の特徴がそのまま性格に反映されていることがよくわかるでしょう。

このように生まれたシーズンの星座が個人の性格の土台となり、そこに他の星座の要素も加わって複雑な「あなた」という存在ができあがっているのです。

すべての星座を「自分事」として理解してみよう

そこで、星占いになじみがない人、自分以外の星座の特徴をまだよく知らない、という人にもイメージしやすいように、まずは日本の四季になぞらえて12星座を解説していきます。日本ならではの行事やイベントも、その星座の性格とリンクさせて考えると、キャラクターをより具体的にイメージできるようになるでしょう。

最初に自分の星座のページを読みたい気持ちを抑えて、春から始まる1年間、12の季節を思い描きながら、牡羊座から順に魚座までの全星座を読んでみてください。特に友達や恋人、家族など、あなたの身近にいるその星座生まれの人たちの顔を思い浮かべながら読むといいかもしれません。

そうすればどの星座にも親しみが湧くはずです。それと同時に、自分の中にも他の11の星座が存在するということにも気づけるでしょう。

あの星座の長所も、この星座の長所も自分の中にも確かに存在するものと感じられるようになれば、自ずと「好きな自分」が増えていきます。「嫌いな自分」になる理由も見えてくるので、自身のご機嫌もとりやすくなるでしょう。

ARIES

3/21～4/19 牡羊座の季節

春は万物にとっての「始まり」の時期。自然界では花が芽吹き、眠っていた生物が動き始めます。人間界では進学や就職などで、新しい生活をスタートさせる人が多いでしょう。

命の躍動にあふれるこの季節に生を受けた人が「牡羊座」です。無数の動植物が動き始めるように、牡羊座にも考えるより前に「動く」という特徴があります。それは動物の本能さながら。12星座のトップバッターであることから、人の先頭に立ってリードする性質を持っています。そのためこの先どうなるかがわからなくても、とにかく一歩踏み出すことができるのです。また何となくウキウキして何かを始めたくなるシーズンでもあり、そんな「何かをしたい」という衝動や情熱も牡羊座の気質と言えるでしょう。

この時期に生まれて生き抜くために必要な力が「牡羊座成分」そのものなのです。

この時期生まれの性格

道なき道を拓くべく、人の先に立ってリード

→入学式は横並びでまだ誰も前にいない。自分が先頭になる可能性が。

生き抜くための勝ち気で好戦的な性格

→これから始まる新しい環境での縄張り争いに備えるため。

どうなるかわからないまっさらな未来を好む

→入学、進級、入社……人間界も環境が一新するタイミング。

何も恐れず本能に導かれて情熱で突き進む

→生き物が冬眠から目覚めて、地上で動き出すシーズンのため。

新しいことの高揚感を好む

→春分を迎えて、春が本格的に始まる時期のドキドキ感がある。

TAURUS

4/20～5/20 牡牛座の季節

緑がどんどん色濃くなり、鮮やかな花にあふれる時。そんな自然界の美しさを存分に味わえる時期に生まれた人たちが「牡牛座」です。風が運ぶ若葉の香りや色を楽しみ、心地良さを目や耳、嗅覚や触覚、あるいは味覚で堪能する能力が発達したため「五感に秀でている星座」とされます。美食家やアートに造詣が深い人が多いのも、価値あるものを見抜くことができるためでしょう。

日本では暑くも寒くもないとても過ごしやすいシーズンであることから、「快適さ」や「安心」を何よりも重視し、一切の不快さを排除したいという性質につながっています。また大型連休が割り当てられている時期でもあり、仕事にあくせくするよりも「マイペースに好きなことをエンジョイしたい」という牡牛座の性質と符合します。

この時期を存分に謳歌する才能を持っているのが「牡牛座成分」なのです。

この時期生まれの性格

慣れ親しんだ環境で納得するまでやり続ける

→気候がいいので、1つのことにじっくり取り組むことができる。

マイペースに人生を謳歌する

→日本では大型連休。長期旅行など、自分の趣味をしっかり満喫する。

何よりも「快適さ」や「安心」「安定」を求めたい

→暑くも寒くもない、過ごしやすいシーズンに生まれたため。

価値を知っているからこそ「お金」と縁がある

→五感によって、真に価値あるものを見抜くことができるのが理由。

五感の働きが誰よりも活発

→花や緑、自然がくれる豊かさを存分に享受したい欲求がある。

5/21～6/21 双子座の季節

春の喜びの中、梅雨が夏の気配を運んでくる双子座シーズン。自然界に育ちつつある命がさらに成長していく時。なおかつ日本では梅雨の訪れで、天候が不安定になり、人々もまたコンディションが左右されやすい時期です。着ていく服にも迷ったり、傘が必要だったりします。

そんなやや変化の多い時期に生まれた人たちが「双子座」とされます。命が満ちていくシーズンならではのワクワク感を持ち、「なんだろう？」という思いつきのままに無邪気に飛びつくでしょう。その屈託のなさで人に好かれ、風のようにいろいろな場をさすらいます。また雨が降れば家の中にいることになり、そばにいる人との語らいが自然と増えます。その点も双子座が得意としている「コミュニケーション」という意味と符合します。

この活発な時期を楽しく生きるのに欠かせないのが、こうした「双子座成分」なのです。

この時期生まれの性格

実は繊細で体調を崩しやすい

→晴れたり雨が降ったりと、夏に向けて気候が不安定な時期。

コミュニケーション能力が高く自ずと話し上手に

→雨宿りなどで、そこにいる人と自然と会話をする状況が生まれる。

フットワーク軽く飛び回り、新しいニュースを運ぶ

→草花や虫などの活発な動きに敏感に反応し、追いかける。

思いつきのままに臨機応変に行動

→突然の雨もやり過ごし、晴れ間を縫って出かけるなど変化に対応する。

何にでも興味津々！ワクワクを追い求める

→季節の移り変わりの時期で、新しく始まるものに意識が向く。

6/22～7/22 蟹座の季節

梅雨が終わりに差しかかり、夏至を迎えて夏が本格始動していくシーズン。陽の気がもっとも盛んになる、ドラマティックな時期に生まれた人たちが「蟹座」です。梅雨の名残で、雨の日の憂いのある一面を抱えながらも、来る夏の喜びに期待を抱いている……そんな時期です。

そのため蟹座は喜怒哀楽の感情に人一倍敏感に反応するのが特徴です。自分のことはもとより、他人の怒りや悲しみ、喜びも強く感じ取るでしょう。心の湿度と温度の乱高下が、そのまま外に表れる正直さです。日本では夏休みを前に、家族で予定を話し合うなど家で過ごす時間が密になります。蟹座も「家（ホーム）」を大事にする星座です。お中元や暑中見舞いなど、家同士の親交を深めるシーズンであることも興味深い一致です。

この時期を刺激的に過ごすために必要なのが「蟹座成分」なのです。

この時期生まれの性格

人や家同士の交流を好む

→夏のご挨拶やご機嫌うかがいが行われ、自ずと接点が生まれる。

「家」や「家族」と関わりが多い

→日本では夏休みを前に、家で家族と語らうことが増える時期。

喜怒哀楽や好不調がわかりやすく顔に出る

→夏至に突入し、湿度・温度の乱高下が激しいシーズンのため。

水のように揺らぎ、流されやすい

→梅雨の最終局面のシーズン。雨音でセンチメンタルになりやすい。

期待と不安をあわせ持つドラマティックな性質

→春から夏へと、いよいよ暑さが増し季節が切り替わっていく時期。

7/23〜8/22 獅子座の季節

太陽がアスファルトを燃やし、大地が熱気を帯びていく夏真っ盛りのシーズン。

この暑い季節に生まれた人たちが「獅子座」です。灼熱の暑さにも「どんなことでもやってみなくてはわからない」という前向きさで挑戦していきます。情熱の炎で負の発想を焼き尽くし、それを糧にするでしょう。細かいことは気にしない豪快さと、失敗をも笑い飛ばす明るさが、人に元気を与え、勇気と希望をもたらします。

常夏の国のような解放感と、未来を憂うことなく今を楽しむノリの良さがあります。このシーズンにはフェスやお祭りがたくさん行われますが、獅子座もまさにお祭り大好きな明るい性格。パーティの盛り上げ役となって、太陽のように場を照らすスポットライトとなるのです。

このもっとも暑い時期をパワフルに生き抜く秘密が「獅子座成分」なのです。

この時期生まれの性格

笑顔が絶えず、楽しいことが大好き

→伝統的な祭りや縁日、花火、フェスなどが盛んに開催される時期。

今を楽しもうという豪快さとノリの良さ

→リゾートでバカンスを過ごすような解放感と高揚感がある。

細かいことは気にせず大らか

→暑さであまり周りを気に留めていられず負の感情を焼き尽くす。

情熱的でポジティブ、生命力にあふれている

→1年でもっとも暑く、生きている実感を得やすいシーズン。

スポットライトを浴びる宿命

→太陽がもっともパワフルに輝く季節のど真ん中に生まれている。

8/23～9/22

乙女座の季節

日中は暑いとはいえ、朝夕に涼しい秋の気配を感じます。季節が切り替わるタイミングです。

この時期に生まれた人たちが「乙女座」とされます。暑かったと思ったら急に寒くなったり、台風がやってきたりするため、不測の事態に備える必要があります。乙女座も人や状況をよく観察しており「あの人にはこれが必要になりそう」と適宜対応して、気を利かせるでしょう。

それと同時に寒暖差の影響をもろに受ける時期のため、ナイーブであまり無理ができない体質であることが多いでしょう。夏の疲れが出てくる頃でもあり、健康に対する意識が高いのも特徴です。

また基本的に中秋の名月は9月にありますが、完璧なまでに美しいお月見の月のような「絶対」を求めてしまうところも乙女座に通じます。

この時期だからこそ備わるセンシティブさこそ、「乙女座成分」なのです。

この時期生まれの性格

完璧さを自他に求める
→中秋の名月という唯一無二のパーフェクトな満月がある。

決して無茶をせず、自衛する
→台風など不測の事態や、寒暖差で体調を崩さないよう自衛心が高い。

何かと物思いにふけりやすい
→しだいに色あせていく夏に対し、センチメンタルになりやすい。

シミュレーション上手で用意周到
→暑さから寒さに対応するため、上着などあらかじめの備えが万全。

冷静な状況判断と細やかな気配り
→変化しやすい気候のため、周りの些細な動きにも敏感。

LIBRA

9/23〜10/23

天秤座の季節

夏の名残が消え去り、秋がやって来るシーズン。この季節に生まれた人たちが「天秤座」です。木々は鮮やかに色づき始め、人々の目を楽しませます。天秤座もおしゃれで美的センスをつかさどります。また数々の実りに感謝する秋祭りや運動会、文化祭が各地で開催されますが、天秤座もあくせく働くよりはグルメを楽しみ、芸術をたしなむことで、生きる喜びを謳歌しようとする性質があります。秋の行楽シーズンでもあり、これも人と行動をともにすることを好む天秤座の性質と合致するでしょう。

さらに日本では神無月（10月）に、神々が出雲に集い、誰と誰が夫婦になるのかを決定するという神話があります。偶然にも天秤座は「結婚（パートナーシップ）」を象徴する星座です。

この過ごしやすい時期を存分に満喫するために備わっているのが「天秤座成分」なのです。

この時期生まれの性格

結婚やパートナーシップに強い関心がある
→神々が夫婦になる者たちを決める「神無月」に当たる時期。

社交的で、人と行動するのが好き
→秋の行楽シーズンに当たり人と行動をともにすることが多い。

美しいものを探すセンスに秀でている
→木々が美しく色づき、自然界がカラフルになる季節を楽しむ。

グルメや芸術、文化的なものが大好き
→実りがもたらされる時期。文化祭や芸術鑑賞のシーズンでもある。

優雅におしゃれを楽しむ感性
→秋が本格的に始まり、重ね着などおしゃれが楽しくなる時期。

SCORPIO

10/24～11/22 蠍座の季節

ぐっと寒さが増し、秋の本番を迎えるシーズン。この季節に生まれた人たちが「蠍座」とされます。

落ち葉が舞い始め、もの悲しいムードが漂う季節ですが、蠍座も寡黙でミステリアスな印象を持ちます。日照時間が短くなるにつれ、人間は物事を真剣に受けとめやすくなると言われていますが、蠍座には1つのことにのめり込み、本気で向き合おうとする性質があります。

動物たちが本能で冬眠の準備を始めるように、蠍座も睡眠中のような無意識下でこそ能力が発揮されるので人間の深層心理やスピリチュアルなこと、オカルトに対する関心が高いでしょう。

日本では商売繁盛を祈願する酉の市が開催されますが、蠍座はお金に対する欲求が人一倍、強い星座でもあります。

冬へのプロローグとも言えるこの時期を強く生き抜くための「蠍座成分」なのです。

この時期生まれの性格

お金や財産に強いこだわりがある

→商売繁盛・金運上昇を願う「酉の市」が開催されるタイミング。

深層心理や秘密に興味を抱きやすい

→大きな変化がない時期のため、相手をじっと観察する力が高い。

1人になって悩んだり、考え事をしやすい

→1日の日照時間が短く、家にこもることが増えるため。

物事の終わり、死をも受け入れる悠然とした性格

→多くの動植物が、死や眠りに向かいつつあるシーズン。

どこか退廃的でミステリアスなムードが漂う

→落ち葉が舞い散り、自然界から色が失われていく時期とシンクロ。

SAGITTARIUS

11/23～12/21

射手座の季節

寒さが本格化し、秋から冬に突入するこの季節に生まれた人たちが「射手座」とされます。人間界では年の瀬に向けてすべき仕事がどんどん増える時期で、射手座も「物事を増やし、広げる」力を持ちます。その分、細かいことにはこだわらず、どんなことも大らかに受けとめます。

街中にイルミネーションが輝き、楽しげなムードが漂う時期ですが、射手座もまた、人のいいところを信じられる楽観的な性格です。

師走（12月）との関わりも感じ取れ、射手座は「精神的な師」を追い求め、成長し続けます。

自然界では生き物たちが本格的に冬ごもりを始める頃で、次の春に無事に目覚めることができるかどうかわからない、不確定な未来であっても信じて挑戦する射手座の情熱とリンクします。

「この先にきっといい未来が待っている」と信じ抜くのに欠かせないのが「射手座成分」なのです。

この時期生まれの性格

精神的な師と関わりが深い

→12月は和名で「師走（師馳す）」という意味もあり、師と縁が深い。

未来を信じてすべてを託せるチャレンジャー

→いつ来るかわからない、春の訪れを信じて冬眠することができる。

どことなくハッピーな雰囲気を持ち合わせる

→クリスマスムード漂う街のように、幸せなオーラを放っている。

楽観的で物事のいい面を見る

→1年の終わりを前に「終わり良ければすべて良し」を実感する。

細かいことを気にせず、大ぶろしきを広げる

→年末に向けてすべきことが増えるも、楽観的に引き受けやすい時期。

12/22～1/19

山羊座の季節

木々がすっかり葉を落とし、静まり返った冬のシーズンに生まれた人たちが「山羊座」です。

冬本番の寒さで、下手をすると命を落としかねない季節です。そのため山羊座は寒さに負けない不屈の精神とストイックさを持っています。また行き当たりばったりでは冬は乗り切れません。どのくらいの食物があればいいのか、計画性が重要に。目標を立ててそれを達成すべく尽力します。

新年を迎える節目であり、過去と未来の境目となるタイミングです。手塩にかけたものを手放し、また新たに歩み始める……諸行の盛衰にも通じます。山羊座がドライに物事を割り切るのは、こうした価値観があるからでしょう。

またお正月には様々な儀礼がつきものですが、山羊座も古の知恵や伝統を大事にします。

このように厳しさが増していく時期を生き抜くために必要なのが「山羊座成分」なのです。

この時期生まれの性格

目標に向けたプランを練り、コツコツと歩む

→１年の目標を立てる時期のため、長期的な視野を持っている。

歴史や伝統、規律などを重んじる

→お正月の他、伝統儀式が目白押し。年長者に会う機会も多い。

あらゆる物事にドライに向き合う

→行く年と来る年、その両方を体験するため自ずとドライに。

すべてにおいて段取りを重視する

→長い冬を乗り切るためには、緻密な計画性が必要なため。

不屈の精神とストイックさを持つ

→本格化してくる寒さに立ち向かう必要があるため、禁欲的に。

AQUARIUS

1/20〜2/18

水瓶座の季節

冬の中でもっとも寒いシーズンです。この季節に生まれた人たちが「水瓶座」とされます。

1年で一番寒い時期と言われる通り、水瓶座はもっともクール。冷静かつ合理的で、冴えた判断力を持ちます。また万物が凍りつきフラットになるように、誰にでも平等に接し、差別をしないバリアフリーな感性を持っているのも水瓶座の特徴。

また、ある日突然、大雪が降って景色を一晩で変えてしまうような変化を起こします。皆が家に閉じこもるしかない中、逆転の発想でインターネットを使って全人類とつながるような、常識をひっくり返す行動をするでしょう。さらに「寒い冬に暖房のきいた家の中でアイスを食べる」ようなひねくれた状況も水瓶座的です。

命がすべて凍りつく時期に適応し、命をつなぐことに役立つのが「水瓶座成分」なのです。

この時期生まれの性格

逆境をも楽しむユニークさ

→外出できないつまらない状況でも楽しもうとする。

問題を解決する逆転の発想が得意

→極寒で自由に動けない状況を逆手にとって新しいものを生み出す。

想像のつかないアイディアや言動で周囲を驚かせる

→一晩で街の姿をガラッと変えてしまう雪景色が見られるシーズン。

どこまでもフラットで平等に物事を見る

→氷漬けにすることでどんな凸凹もフラットにしてしまう。

不測の事態にも動じない、クールな性格

→1年で特に寒さが厳しくなるシーズン。大雪に見舞われることも。

PISCES

2/19〜3/20 魚座の季節

長かった冬が終わりを告げて、春へと導かれていくシーズンに生まれたのが「魚座」です。

雪が解けて川となり、水が大地に染み渡る様子は、どんな場にもなじむ魚座と合致するでしょう。

地中で夢を見ていた生物が目覚める時ですが、それと同じくらい目覚めることなく永眠した生き物も存在します。そんな生と死のはざまと縁が深く、スピリチュアルな体験をしやすいところも魚座の特徴と言えます。また咲き始める花たちが我々を魅了するのと同様に、魚座もアーティスティックな才能で、人を感動させる力を持ちます。生も死も、喜びも悲しみもすべてが溶け込んだカオスの海は、まさに魚座そのものでしょう。

卒業のシーズンでもありますが、魚座も12星座の最後。すべてを手放すという性質があります。

華やぎながらも、別れを経ていくこの時期に欠かせないのが「魚座成分」なのです。

この時期生まれの性格

人に夢と感動を与えるアーティスト

→冬に閉ざされていた世界に花が咲くように人の心を浮き立たせる。

何かを終わらせる役割になりやすい

→卒業シーズン。12星座のラストで「終わらせる」星座。

夢やイメージを思い描く想像力が豊か

→地中で夢を見ていた生物たちが目覚め、動き始めるシーズン。

形のないものを受け入れるスピリチュアリティ

→生物の生死の境目のシーズンで、神秘的な体験をしやすい。

相手や環境に、感化されやすい

→雪解け水が大地を潤し、動植物の恵みとなるように環境に順応する。

Column2

\ 教えてLUAさん！ /

いろいろな面を持つ自分……　じゃあ本当の自分って何？

どういう自分でありたいかを自由にデザインしていいのです

「昨日はポジティブだったのに、今日はネガティブ」ということがあります。それは１人の人物の中に、12星座の成分がすべて組み込まれているから。その成分を、タイミングや状況にあわせてうまく扱える人と、いつもワンパターンな人がいます。後者のようになってしまうのは、自分の慣れ親しんだ面ばかりに意識が向かい、別の面があることに気づいていないからかもしれません。

今のあなたを構成する成分は何座なのかを知ること。そして今日はどんな自分でありたいのかを考えること。大事なイベントがあって勇気が欲しいと思うなら、自分の中に牡羊座成分があることを自覚し、牡羊座らしい行動をしましょう。人と話さなければならない日なら双子座成分を意識して、双子座らしい振る舞いを心がければいいのです。こうして自分の中の12星座成分のさじ加減を調整すれば、目指す理想の自分に近づいていけます。まるで別人になる必要はなく、自分の中にどういう成分があるのかを自覚する。そうして「自分の扱い方」さえ身につければいいのです。

また隣の人と協力して生きるのが地球人ですから、足りないものは誰かに補ってもらうこともできるでしょう。自分の何かが欠けていても、決して恥ずかしいことではありませんし、秀でたところがあっても、それだけで生きていけるわけでもないのですから。

第3章

12星座で本当の自分を見つめる

星座には、それぞれ特徴的な性格や価値観があります。
それは本来のあなたであり、自覚のない一面かもしれません。
まずは、ありままの姿を受け入れることから始めましょう。

短所を知れば それは長所になる

12星座は自分を俯瞰し、違う視点で見るヒントをくれる

季節は巡り、それに合わせるかのようにその時々で星座が持つ成分が変化しているということ。そして1つの星座だけでなく12星座のすべての要素が、あなたの中にも存在しているということが、少しずつ実感としてわかってきたのではないでしょうか。自分の中に存在している、12星座の凸凹を認識し、なりたい自分を目指してバランスをとっていくことで、自分の自信につながっていきます。長所を自覚し、短所を見つめ直すことで、ちょっとしたことで落ち込んで自分を嫌いになってしまうようなこともなくなるはずです。

そこで、この章では12星座の性格をさらに深堀りしていきます。特にその星座の魅力的な部分、ネガティブ思考の切り替え方、落ち込みやすいシチュエーション、そして心に留めておきたい言葉など、「自分の魅力を知り、短所を前向きにとらえる方法」をお届けします。

そもそも長所と短所は裏表です。例えば素早く行動し、何でも手早く済ませられるのが牡羊座の特徴です。でもいつも前のめりで落ち着きがなく短気、仕事が雑だと思われる側面もあるかもしれません。一方、のんびりマイペースで

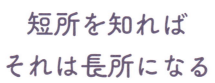

何をするにも慎重で丁寧なのが牡牛座の特徴ですが、おっとりしているので人よりも行動に時間がかかるかもしれません。しかし、じっくり作業に取り組むので間違いがなく、落ち着いていて優雅だと思われているかもしれません。このように、長所と短所はどちらにも転ぶもので、一概にいい悪いは決められません。

だからこそ、落ち込んだ時に必要なのは「違う視点で見ること」です。悩んでいる時は特に、視野が狭くなって自分のことばかり考えてしまいます。そして自分を否定する思考でがんじがらめになり、ドツボにはまってしまうでしょう。でも、「別の視点から見れば長所かもしれない」と気づければ、落ち込みの原因だと思っていたことが、実は他の人にはない魅力であるとわかるはず。

自分自身を12の目線で見つめてみることで、ある一方から見たら短所としか思えなかった性格が、他の視点から見たら素晴らしい長所であると気づけるでしょう。それだけで気持ちが軽くなったり、自分を好きになれたりするものです。そのうちに自己肯定感も高まっていきます。結果的に、自分に自信が持てるようになり、落ち込みづらい自分になるはずです。

凸凹のある自分を丸ごと肯定する

他者ではなく、自分で自分を認めることが大切

そしてもう一つ、忘れてはいけないこと。それは自己肯定感とは、他者に与えてもらうものではないということです。「自己肯定」とは、自分で自分を肯定すること。他者に認めてもらったり、人に必要とされることではありません。乱暴に言えば、あなた自身が納得し、腹落ちしていればいいだけで、他の人は関係ないのです。

例えば、世間から見て成功しているあなたがいたとします。周りからは「すごいね」「さすがだね」「うらやましい」と言われていても、あなたは心にひっかかりがあり、満足していません。「私はこの程度ではない！」「私が目指していたのはこれじゃない！」と思っているあなたは、徐々に自信を失い、自己肯定ができなくなるでしょう。

反対に、あなたが世間的に失敗し、誰もあなたを賞賛しなかったとします。それでもあなたは、「失敗してスッキリした」「これで次に進める！」と前向きに考え自信を失っていなければ、自己肯定できていることになるのです。

いい部分、悪い部分を認める。そしてそれを丸ごと受けとめて、自分自身で

肯定する。そのための、たくさんのヒントをくれるのが、12星座なのです。

自分の中にいる12星座を意識して読んでみる

ここからは、まずはあなたの太陽星座のページを読んでみてください。そしてさらに「12星座バランスシート」(P.18) で特に目立っていた星座のページも、その星座になったつもりで読んでみましょう。自分の星座が変わるということは新鮮な体験になるはず。そして書かれていることに、きっと心当たりがあるはずです。その星座の解説のような失敗や落ち込み方をしていると感じた時は、太陽星座よりも、その星座のページのアドバイスが参考になるでしょう。

また「12星座バランスシート」で、いろいろな星座の側面をもった自分を認められたなら、「今の私は○○座みたいだ」「さっきはちょっと○○座っぽい発言が出ていたな」と気づくことができるようになってくるはず。

その気づきをタイミングや状況にうまく合わせて、自分の心を整えることができるようになってくると、自分への自信と肯定感が生まれます。そして嫌なことがあっても立ち直りが早くなり、そもそも落ち込みづらい、たくましくしなやかな人間になっていけるでしょう。

12星座を より知るヒント

星座が持つ力や星座同士の関わりについて詳しく知りたい人のために
ヒントと詳しい分類法をご紹介します。

12星座にはそれぞれ守護星があり、その星の力を強めます。また〈二区分〉・〈四区分〉で同じグループの星座は、価値観が同じでノリが合うので相性がいいと言われます。逆に〈三区分〉で同じグループの星座は、反発しやすいと言われますが、自分にはない考え方を持っており、刺激を与えてくれます。「12星座バランスシート」(P.18)で突出している星座が異なるグループに所属していたなら、あなたはその部分で矛盾を抱えやすいということになります。「私の中の○○座と○○座が葛藤しているな」など、自己分析のヒントにしてみてください。

守護星

12星座を守る 10の惑星たち

星座にはその性質を強める「守護星」があります。例えば、負けず嫌いの勝負師でもある牡羊座は、闘争心や行動力を表す火星が守護星です。明るく場を暖める獅子座は、太陽系の中心で生命力の源である太陽を守護星とします。実際の天体を想像しながら読むと、さらにイメージがふくらむでしょう。

牡羊座	火星（戦いの星）
牡牛座	金星（愛と美の星）
双子座	水星（知性とコミュニケーションの星）
蟹　座	月（感情の星）
獅子座	太陽（生命力の星）
乙女座	水星（知性とコミュニケーションの星）
天秤座	金星（愛と美の星）
蠍　座	冥王星（死と再生の星）
射手座	木星（拡大と発展の星）
山羊座	土星（試練と制限の星）
水瓶座	天王星（変革の星）
魚　座	海王星（夢とインスピレーションの星）

二区分

陽	陰
牡羊座	牡牛座
双子座	蟹　座
獅子座	乙女座
天秤座	蠍　座
射手座	山羊座
水瓶座	魚　座

積極的な陽の星座
受動的な陰の星座

物事を陰と陽に分ける発想は東洋にもありますが、星座の中でも陽の性質を持つ星座は積極的、陰の性質を持つ星座は受動的という大まかな指標があります。これは牡羊座から陽、陰、陽、陰……と交互に12星座に当てはめられています。

三区分

活動	不動	柔軟
牡羊座	牡牛座	双子座
蟹　座	獅子座	乙女座
天秤座	蠍　座	射手座
山羊座	水瓶座	魚　座

12星座の
動き方の特徴

12の星座を行動傾向で分けると、動き回る活動宮、留まる不動宮、臨機応変に変わる柔軟宮という３つに分かれます。これは「季節の始まり（活動宮）→季節のピーク（不動宮）→次の季節に変化（柔軟宮）」という季節のサイクルにも合致します。

四区分

火	地
牡羊座	牡牛座
獅子座	乙女座
射手座	山羊座

風	水
双子座	蟹　座
天秤座	蠍　座
水瓶座	魚　座

同じ価値観を
持つ者同士

ギリシャ哲学の４元素で分けた火・地・風・水の星座分類では、その星座の「役割や価値観」がわかります。火のグループは情熱のままに行動し、地のグループは現実を見る長距離ランナータイプ。風のグループは人や物事のすべてに関心を示す好奇心旺盛タイプで、水のグループは心の動きに敏感で、人や物事に情緒を示します。

～ここからの読み方～

この本は自分の星座を読んで終わりではなく、
すべてのページを自分のために読むことができます。
以下の流れで読んでみると発見が多いでしょう。

1回目　自分の太陽星座のページを読む

あなたが普段、「私は○○座」と思っている星座（太陽星座）のページを読んでください。

※星座の境目の日付は生まれた年によって変わります。正確に知りたい人はインターネットでホロスコープを調べてみてください。

2回目　「12星座バランスシート」を見ながら読む

P.18で出した「12星座バランスシート」をもとに、牡羊座から魚座までのすべてのページを読んでください。数値が高かった星座は、あなたがその星座の要素を強く持っているということです。うまくいかなかったり落ち込んだ時はその星座のアドバイスも大いに参考になるでしょう。

また数値が低かった星座は、あなたがその星座の要素をあまり持っていない（今は活性化されていない）ということです。とはいえ、第4章で解説する通り、時期によっては強まることもあるので、そのシーズンには参考にしてみてください。

まずは「基本性格」をチェック！ »

その星座のいいところを踏まえた上で、短所に思えることをプラスにとらえる考え方を教えます。

「心を救う7つの言葉」を唱える »

常日頃から口にしたい、星座の良さを引き出す言葉です。

「うまくいかない時のお手本星座」を参考に

調子が悪い時にお手本にしたい星座です。その星座の特徴をまねすることで、うまく動き出すことができるでしょう。

♈ 牡羊座

ARIES

3/21~4/19

DATA

二区分 ▸▸ 陽
四元素 ▸▸ 火
三区分 ▸▸ 活動宮
守護星 ▸▸ 火星

牡羊座の象徴ワード

先手必勝

ナンバーワンと勝利を勝ち取るために進み、
先駆者となる牡羊座

牡羊座の

基本性格

まずは牡羊座の
基本性格を知りましょう。
12星座の中で
どんな性質と魅力を持って
生まれているのでしょうか？

誰よりも先に進むため野生の勘を働かせながら何かと戦い続ける人生

12星座の始まりに生まれた牡羊座の人生のテーマは**「先手必勝」**。誰よりも勇気と闘志、そして行動力を持っている星座です。そのためどんな場面でも自ら先陣を切って先頭を突き進み、必要とあらば戦うこともいといません。まだ誰も歩いていない新しい道を切り拓くことに喜びを感じ、自然と人をリードする役回りになるでしょう。

迷いなく、スピード感のある潔い行動は、傍から見ていても気持ちの良いもの。考えるよりも先に動いているように見えて、実は天性の直感を働かせて、瞬時に判断をしているのです。ある意味、考える前に正解がわかってしまう才能があるのです。誰よりも早く動く牡羊座には、危険を察するセンスが備わっているのでしょう。

そんな牡羊座が輝き続けるためには、常に新しい目標が必要です。何かをクリアしたら「その先」にまた新しい目的地を作ることができるか否か。ぬるま湯の環境に身を置いている牡羊座はまったく本領を発揮できていないと思ったほうがいいでしょう。

現状に問題点を見出す、もしくは未来の成長した自分を思い描く。そうして自分を先へ先へと送り出していく意識があれば、牡羊座は永遠に若々しくいられるのです。

牡羊座の魅力 1
物事の始まりにいつもその姿がある

牡羊座はスタートを切る際の不安や迷いがありません。しかも一気にエネルギーを放出させることができ、そのパワーは周囲を圧倒します。

何かを「始める」ことに適性が高く、自分から人に話しかける、大事な話の口火を切る、新しいプロジェクトを立ち上げる、独立・起業するといった、あらゆる「スタート」行為に縁があります。

失敗することを恐れる人が多い今、「やらなくては」ではなく「やってやろう！」という牡羊座の気概はとても清々しいものです。

牡羊座の魅力 2
迷いなく行動できて経験が豊富

牡羊座はとにかくスピーディー。どんな局面でも即断即決で、直感的に身体が動いていることが多いでしょう。思いついたままに発言や行動をしてしまい、あとから反省することもあるかもしれませんが、最終的には結果オーライ。うじうじ悩んでいる時間がもったいないと思うはず。

せっかちと言われることもありますが、コスパ・タイパが重視される世の中で、失敗の数も多ければ成功の数も多く経験できる牡羊座は、誰よりも効率良く成功を勝ち取れる可能性を秘めています。

牡羊座の魅力 3
正しい道を瞬時に選び取ることができる

行く道を松明の灯火で照らすかのように、心に情熱の炎を燃やしながら、勢いに乗って進んでいく牡羊座。皆を先導して、次の世界へ連れていく役割があるのです。そのためか、正しい道を瞬時に見抜く、野性の勘のような力があります。牡羊座が常に自信にあふれているのはそのためです。

特にライバルがいると燃える性質で、どんな場面でも一番を目指します。その競争意識を他人を蹴落とすためにではなく、切磋琢磨する方向に向けられれば、どこまでも成長できるでしょう。

たくさんの魅力があるからこそ、自分のダメなところや
嫌いなところが目についてしまうもの。
ここでは牡羊座の行動パターンをジャンルごとに解説。
そして短所を長所にするための
行動や考え方をお教えします。

人生全般では

じっくり考えて慎重に動くのが苦手な牡羊座は、とにかく急いで事を済ませようとしがち。その結果、見境ない行動をして失敗するのです。一方、やってみないとわからない時や時間の猶予がない緊急時など、思いきった行動が必要な時もあります。「今」というこの一瞬が勝負というシーンでは、こうした牡羊座の思いきりの良さは強みになるでしょう。早合点せず、正確な状況判断を心がけて、この強みを最大限に活かしていくことで、人生が変わっていきます。

ネガ
ついうっかり暴走して見境ない行動をする

ポジ
皆が考えないような思いきった行動がとれる

恋では

本能的に「勝ち負け」にこだわる牡羊座は、恋愛でも振られたら負け。そのため主導権を握りたいと考えており、相手に甘える自分を許せないところがあるでしょう。それがいきすぎて相手をかしずかせようとすると、恋が破綻してしまうことも。本来、自分が優位な立場ならば、相手にも譲歩してあげられる余裕があるはず。甘えるも、甘えられるも、どちらもしてあげられる寛大さがあるのが本当の勝者。そして両方を実践できるのがあなたです。

ネガ
負けず嫌いで甘えられず、主導権を握りたがる

ポジ
主導権があるからこそ相手に優しくしつつリードできる

仕事では

自分のやり方やアイディアに自信を持てるのは素晴らしいことですが、それ以外はすべておかしいという思い込みは危険です。異論を唱える相手に敵対すると、孤立して周りと連携できなくなります。

どんな仕事で、どんな働き方でも、自分1人で成り立つことはないはずです。自分の意見をきちんと伝えた上で、それを実現するための手順を踏んでいきましょう。牡羊座の勇気と行動力があれば、しっかり話し合いながら、目標を果たすことができるはずです。

ネガ 自分の意見に自信があるため好戦的になる

ポジ 率直に意見するからきちんと交流しながら理解し合える

人間関係では

正義感で動きたい牡羊座は、本音が顔に出てしまいがちです。白黒をハッキリさせた発言で、目の前の相手を傷つけてしまうことも。嘘を言えず、秘密が苦手。頑張って愛想笑いをしても、相手にはバレているでしょう。

でもその嘘偽りのない言葉が、モヤモヤした状況を打開するきっかけになることも多々あるでしょう。時には厳しい発言を避け、サラッと優しめに本音を伝えて。それだけで「相手を思っているんだな」と周囲に伝わるはずです。

ネガ 歯に衣着せぬ物言いで人を傷つける

ポジ 嘘偽りがなく、正直で率直。だからこそ信じられる

その他

要領と手際の良さも備わっている牡羊座は、はじめてのことでも、聞きかじった情報をもとに、ショートカットで成し遂げるセンスに恵まれています。ただ、それに頼り切りになると、1つずつの仕上がりが雑になり、中途半端な状態で終わってしまうことに。

とはいえ、その「段取りの良さ」は武器。早めに終わらせて全体像を把握してから見直せば、クオリティも上がり、さらに周りにアドバイスすることもできます。状況を俯瞰で見る目がポイントです。

ネガ 事を急ぎすぎてすべてが中途半端になる

ポジ 段取りの良さで余った時間を使いあとでフォローできる

いつも勝ち気で、弱みなど見せないのが牡羊座。
でもふとした拍子に自分を見失ったり、
自信を失ってしまうことはあるもの。
弱気になると、どんどん物事がうまくいかなくなって
自己評価は下がり、ますます落ち込んでしまう……悪循環です。
自分の「落ち込みサイン」を知って、早めに気持ちを切り替えて。

感情のアップダウンを繰り返すうちに低迷していく

どんなことにも果敢に立ち向かう牡羊座は、立ち止まることなく、ずっと前進し続けるでしょう。しかし、「よしやるぞ！」と息せききって行動したところで出鼻をくじかれたり、行き詰まりを感じるような状況に見舞われると、一気にテンションがダウンします。

そこで何とか持ち直せればいいですが、どうでも良くなって放り出してしまうことも。止まらない回遊魚のように、ずっと動き続けることが必要です。

気が強く、何があろうとも立ち向かっていきそうに思えますが、実は打たれ弱さがあるのも特徴の1つ。イライラして言ってはいけない言葉を発したあとで「何であんなことを言ってしまったのか……」と落ち込むことも。また人から心配され、優しい言葉を投げかけられることで自尊心が傷つくというのも牡羊座の特徴です。「格好悪い自分」に気づいた途端にネガティブな気持ちになっていきます。

落ち込んでくると言葉の端々に攻撃性が出てくるようです。「自分は悪くない」と弁明するような発言が増えるでしょう。

また単調な生活が続いていると落ち込みが加速しやすいところがあるので、スケジュールに変化を持たせることも落ち込み回避に効果的です。

落ち込みサイン

※Lv1⇒Lv5に近づくほど深く落ち込んでいる可能性が。まずは自覚して！

Lv1 言葉尻がキツくなる

大なり小なりのイライラする出来事が積み重なっていくと、イライラを通り越して怒りが生まれてくるように。無関係の人にも八つ当たりしてしまうのは危険！　身体を動かしてフラストレーションを発散しましょう。走ったり、ボクササイズをするのもおすすめ。

Lv2 家と職場の往復で1日が終わる

時間はあるのに気持ちが疲れていて、家と職場の往復だけで1日が終わってしまうようになると、何のために生きているのだろうという気分になりがちに。そんな時は、気まぐれで寄り道してみて。はじめての店に立ち寄ってみたり、ヘッドマッサージを受けるのもおすすめ。

Lv3 人に暴言を吐くようになる

ライバルや苦手な人、自分よりも下だと思っている人など、牡羊座にとって煙たい人物がターゲットになります。辛辣な言葉を投げつけて、相手を苦しめるでしょう。暴言を吐きたくなったら、汗が床にたれるまで身体を動かすか、何らかの作業に専念して自分を追い込んで。

Lv4 失敗したことを認められない

自分は間違っていないし、失敗などしていない、あの人が悪い、周りが悪い、時代が悪いなどの言い訳をしがちに。でも、失敗は負けではありません。経験の1つとして受けとめましょう。さらにたくましいあなたになれば、同じ失敗を繰り返さなくなります。

Lv5 下に見ている人と比較して妬み始める

評価をしてもらえない。リスペクトされない。自分よりも出来の悪い人ばかり称えられ注目されていると思うのは、無意識に他人と自分を比べている証拠。SNSを見るのをやめてデジタルデトックスをしたり、趣味に専念し、あなた自身の個性に注目しましょう。

牡羊座的

心を救う7つの言葉

誰にでもある、うまくいかない日。
心が重くなってきたそんな時は、
ここに書かれた言葉を口にしてみて。
自分に言い聞かせてみたり、
現状を変える一言だったり。
きっと幸運を呼び寄せ、
好循環が生まれるでしょう。

1 これが終わるまで待って！

何でもスピーディーにこなす牡羊座は、人からの頼まれ事も少なくはありません。そのせいで自分の作業が中断し、効率が落ちることも。勢い命の牡羊座にとっては致命的です。あなたの予定を相手に伝えて、一段落するまで待ってもらうようにしましょう。

2 迷う時間と悩む時間は、私の辞書にない

「どうしよう、どうしよう」と考えてしまうと、どんどん動けなくなるばかりに。やることが多すぎたり、何をどうしていいかがわからなくなったら、掃除でも運動でも、とりあえず動きましょう。勢いがつけば、自然と用事も片づいていく……それが牡羊座です。

3 今はわかってもらえなくても仕方ない

12星座のトップバッターである牡羊座は時代を先駆けるパイオニア。その考えを他人に理解されなかったとしても不思議ではありません。いつかあなたが正しかったと、皆が知る日が来るでしょう。自分を信じて、あなたのペースで走り続けてください！

4 大丈夫、私ならやれる!!

ハードルが高いものにこそ挑みたくなるのが牡羊座マインド。とはいえ、ハードルが高ければ高いほど、音を上げたいことも増えてきます。課題のクリアは牡羊座人生のテーマです。「これが終わるまで」と思えば、やる気がみなぎり、納得できるところまでいけるでしょう。

5 はじめだけでなく終わりも良い！

新しいこと、はじめてのことへの挑戦を好む牡羊座ですが、勢いがいいのは最初だけで、最後まで到達しないことも。そうならないために、始めたことは最後まで見届けることを意識して。持久力を高めるには、オンとオフを頻繁に切り替えて短時間集中を繰り返すといいでしょう。

6 失敗だって、経験の1つ

失敗は誰にでもあること。特に1番乗りで走っていく先駆者の使命を持つ牡羊座なら、人よりも失敗することが多くて当たり前。何も恥じることはありません。失敗を糧にして、同じ轍は二度と踏まないようにすればいいだけ。勇敢に突き進める牡羊座だからこそ、可能なはずです。

7 ライバルは他でもない私自身

勝ち負けを気にする牡羊座は、他者と自分を比べがち。勝利すれば気持ちが高揚し、やる気が湧いてくるでしょう。しかし負けてしまうと自分を見失うことに。戦うべきは他人ではなく自分。昨日よりも今日の自分が素晴らしければいいのです。

牡羊座的

うまくいかない時のお手本星座

まねすべきは

♎天秤座!!

どんな人とも衝突せず「うまくやる」術の持ち主

周りをよく見て行動する天秤座は、どんなシチュエーションの誰とでも調和し、和を乱すことがありません。牡羊座のような大胆さはなくても、人から敵視されることがなく、味方を増やすことができます。人の協力を得て、スムーズな事の運びを実現できる天秤座の技です。相手の話をよく聞く姿勢と、如才のなさを見習いたいところ。人との衝突を避けることができれば、やりたいことをよりスピーディーに運べるようになるでしょう。

この星座はこんな存在!

♐射手座
一緒にタッグを組んで欲しい時に、ひるまずつき合ってくれます。

♋蟹　座
誰かを傷つけた時に、どうしたらいいか相談に乗ってくれます。

♑山羊座
常識的な意見を聞きたい時に、ハッキリと教えてくれます。

♌獅子座
「大丈夫だよ!」と背中を押してもらいたい時の強い味方。

♈牡羊座
自信を喪失し、負の気持ちになっている時にいい刺激をもらえます。

♒水瓶座
考えを再確認したい時、先駆者としての発想を理解してくれます。

♍乙女座
絶対に失敗したくない時に、落ち度を指摘してもらえます。

♉牡牛座
気持ちが焦っている時、いつもの笑顔で安心させてくれるでしょう。

♓魚　座
話を聞いてもらいたい時、優しくうなずきながら聞いてくれます。

♏蠍　座
考えていることが間違っていそうな時に、ヒントをくれるでしょう。

♊双子座
他愛ない会話で気を紛らせたい時に、気軽につき合ってくれます。

♉

牡牛座

TAURUS

4/20~5/20

DATA

二区分 ▸▸ 陰
四元素 ▸▸ 地
三区分 ▸▸ 不動宮
守護星 ▸▸ 金星

牡牛座の
象徴ワード

職《しょく》人《にん》気《き》質《しつ》

時間をかけてじっくりと、
自らが納得できるまで仕事を極める牡牛座

牡牛座の
基本性格

**まずは牡牛座の
基本性格を知りましょう。
12星座の中で
どんな性質と魅力を持って
生まれているのでしょうか？**

置かれた場所で誰よりも大輪の花を咲かせる人

牡牛座は「美」と縁の深い生まれです。自然が生命力に満ちあふれる時期の、美しい空気に包まれて生まれてきたためか、心の中に作り上げた理想郷のようなものを隠し持っており、それをひたむきに守り抜こうとする**「職人気質」**なところが特徴と言えます。

精神性よりも、「形あるもの」を大切にします。美しいもの、おいしいもの、心地良いと感じるものに囲まれて過ごせる環境を求めることに関しては貪欲で、欲しいものは何としてでも手に入れようとするでしょう。

逆を言えば、不快感を覚える汚れた環境、また人々がいがみ合うような場所を苦手とします。極力争いを起こさないようにする平和主義者で、そんなあなたのもとにいると安心してリラックスできる人は多いでしょう。

ただし主張が激しいタイプではないため、あなたを甘く見て軽んじる人もいるはず。12星座随一の忍耐力を持つ牡牛座ですが、自分を虐げるような環境に耐えるためにその力を使っていては意味がありません。

のびのびと才能を発揮でき、それを認めてくれる適切な場所に自分を置くことさえ忘れなければ、必ず地中深くまで根を下ろし、大きな花を咲かせることができるでしょう。

牡牛座の魅力 1

素敵なものを集めた環境を作り出す

おっとりとした性質で自分から仕掛けるというよりは、事が起こるのを待つタイプが牡牛座です。

ただし「所有する」ことには強いこだわりがあり、欲しいものがある場合はお金に糸目をつけません。趣味のアイテムをコレクションしていることも多いでしょう。

そうした「好きなもの」に囲まれた聖域を作り出すことこそ、牡牛座の生きがいなのです。人生の最終到着地点として憧れの暮らしを明確にイメージしており、実際にそれを貪欲に手に入れる力があります。

牡牛座の魅力 2

長く続けて大きな財産や地位を築ける

1つのことを継続するということにかけては、牡牛座の右に出る者なし。貯金や運動、勉強など、一度始めた習慣は長続きするはずです。その結果、長期にわたって良いものが蓄積され、数年後には素晴らしい結果になっている……最後に笑うのは牡牛座なのです。

また量よりも質、スピードよりも正確さを重視した仕事ぶりで、安定したポジションを築けるのも特徴です。あれこれ手を出すよりも一分野を極めるか、今いる会社をとことん知り尽くすことが強みになります。

牡牛座の魅力 3

納得するまでじっくり取り組める

牡牛座は、物事を判断する際に、手応えと実績で重視します。視覚・聴覚・嗅覚・味覚・触覚という五感のセンサーが人よりも優れており、自分を心地良くしてくれるものに対しては誰よりも敏感で、なおかつ納得がいくまで貪欲にじっくりと追い求めます。そのためあなたが作り出すものはとても丁寧でクオリティが高いのです。

大量生産・大量消費の時代がまもなく終わりを告げれば、牡牛座のような生粋の職人魂を持つ人が作り出すものが、より高い価値を持つようになるのでしょう。

たくさんの魅力があるからこそ、自分のダメなところや
嫌いなところが目についてしまうもの。
ここでは牡牛座の行動パターンをジャンルごとに解説。
そして短所を長所にするための
行動や考え方をお教えします。

人生全般では

鋭敏な五感を持つ牡牛座は、常に良質なものに囲まれていたいと願っています。美しいもの、おいしいもの、心地いい音、触り心地のいいもの、かぐわしい香り……。一度快適な空間に身を置いたら、そこでぬくぬくと過ごし、怠惰になるケースもあるようですが……。

それでも「良きもの」を見つける才能は誇るべきもの。それを自分だけで独り占めせず、人に「これいいよ」とシェアするようにしてみてください。それは周りの人を幸せにすることにつながります。

ネガ 心地いいことだけを求めて怠惰になる

ポジ より良いものを見つけて周りにシェアする力がある

恋では

少しずつ相手を知って恋心を温めていく牡牛座。慎重なので、恋を親友に打ち明けることさえはばかられ、好きな相手に対してならなおさらでしょう。奥ゆかしくてシャイなので、相手が好意的に接してくれても気持ちとは反対の態度をとってしまったり、いつの間にか別の人に奪われるというのがパターン。でも片思いの期間を長く楽しめるのは、推しを愛でる心理と似て、楽しい趣味なのかもしれません。時間切れに注意しながら、ときめきを存分に味わって。

ネガ 慎重すぎて思いを伝えるまでに長くかかりすぎる

ポジ 片思いというときめきの時間を長く味わえる

仕事では

急かされたり、落ち着いて作業できない環境では、ミスを連発してしまいがち。そのため仕事が遅い、段取りが悪いと言われるかもしれません。でも人より丁寧に取り組み、間違いのない確実な仕事をしているだけ。あなたは「早かろう悪かろう」ではなく、時間をかけた仕事で定評を得る人間なのです。外野の言葉を気にしてはダメ。「自分のペースでやったほうが実力を発揮できる」と覚えておきましょう。クオリティを保てることこそ素晴らしい才能なのです。

ネガ 何をするにも遅い 急げば急ぐほど なかなか結果が出ない

ポジ 丁寧かつ確実な仕事で 常にクオリティが 高い結果を出す

人間関係では

穏やかに見えて、密かに根に持つところがある牡牛座。嫌なことや、過去を引きずりがちな自分にうんざりするかもしれません。でも心に残っているのはネガティブなことだけではありません。同じように、嬉しかったことも特別なギフトのように、過去の記憶に飾られているはず。そしてそれを時折取り出しては、味わっているでしょう。単に牡牛座は心の代謝が遅く、人よりも記憶が持続するだけ。飾るものが何もないよりは、ずっと価値あることのはずです。

ネガ 根に持ちやすく 心のしこりが なかなか消えない

ポジ 実は嬉しいことも ずっと覚えていられる お得な性質

その他

優しさゆえの臆病さと争いを好まない平和的気質から「あの人は怒らないから大丈夫」などと甘く見られがちな牡牛座。でも忍耐力があり我慢強いので、多少の困難や苦しみで音を上げることはありません。誰もが嫌がる手間がかかる作業や修行に思えるような気の遠くなる作業も、最後まで成し遂げられるのです。周りが脱落していく中、最後まで残るのはあなた。その時はじめて、あなたを甘く見ていた人たちはそれが誤解だったと気づくでしょう。

ネガ おっとりしていて スローペースだから 甘く見られがち

ポジ 自分のペースで進めて きちんとやりきるから 最後には評価される

どんな時もコツコツと、マイペースに生きている牡牛座。
でも「何かがうまくいかない……」と
漠然と不安に駆られることはあるはず。
弱気になると、どんどん物事がうまくいかなくなって
自己評価は下がり、ますます落ち込んでしまう……悪循環です。
自分の「落ち込みサイン」を知って、早めに気持ちを切り替えて。

本格的に落ち込む手前で好きなものを与え自分を上手にあやすこと

安心と安全を重んじる牡牛座は、サバイバル的な状況が苦手です。急な変更や新しいことを取り入れるのを避けようとするのもそのためでしょう。新年度で顔を合わせる人間が変わったり、オフィス移転などの環境の変化にも弱く、穏やかで平和な現状を脅かされそうになると、それを受け入れることができず、じわじわとストレスをためていきます。また、作業を急かされることもかなりのプレッシャーでしょう。

いつものペースを乱されることで失態が増えて、気分が滅入り、どんどんやる気を失って落ち込む……と負のスパイラルに突入。そのまま「何もやりたくない」と、怠けグセがついてしまうと、生活全体を立て直すのにかなりの時間と労力を要してしまいます。

ストレスのはけ口が買い物や食など、即座に欲望を満たしてくれる行為に向かうのも特徴です。ただしいずれも散財や体重増加など、あとから挽回するのが非常に難しい事態に陥ってしまうので気をつけたいところ。

そうならないためにも、日頃から適度においしいものを食べて、着心地のいい服を身につけるなど、五感を満足させておくことが大切です。そうして、自分で自分を「あやして」いく工夫が欠かせません。

落ち込みサイン

※Lv1⇒Lv5に近づくほど深く落ち込んでいる可能性が。まずは自覚して！

Lv1 あちこちに忘れ物をするようになる

物を大事にする牡牛座の忘れ物は、危険を教えるセルフバロメーターのようなもの。どこで置いてきたのか、忘れてきたのかも思い出せない時は要注意！　外出先で席を立つ際に忘れ物がないかどうかチェックし忘れるのも、心の余裕がなくなっているサインです。

Lv2 取りかかるまでの時間が長くなる

業務の遂行を「やりたくない」という感情に左右されているサイン。これから行う作業に合わせた前座アクションを取り入れてみて。パソコン作業なら決まったサイトのチェック、軽作業ならストレッチというように、次の作業につなげやすいアクションでウォームアップを。

Lv3 欲しい物を価格を見ずに買ってしまう

着る予定がない服を買ってしまう、読まない本が増えていくなどは、ストレスを物欲で満たそうとしている典型例。特にネット通販は、途中で冷静になれないと歯止めがきかないので危険。一度で決めず、時間を置いてから再検討すれば、購買意欲が薄れるはず。

Lv4 何かしら食べ物を口に入れようとする

キャンディやグミなど、何か口に入れていないと気が済まないのは、心が満たされていないサイン。これに伴い体重が増えてくるので、できるだけナチュラルなものを口にして。一番おすすめなのはミネラルウォーター。水の味がわかる繊細さが戻れば、運気も回復します。

Lv5 何もしたくなくなりずっと寝ている

機能停止している状態です。窓を開けましょう。一歩でも外に出られるなら、郵便ポストをチェックしに行くのもおすすめです。少しだけでも外の空気に当たれば、気分が変わっていきます。牡牛座は自然と縁が深いので、植物に触れるのも回復に役立ちます。

誰にでもある、うまくいかない日。
心が重くなってきたそんな時は、
ここに書かれた言葉を口にしてみて。
自分に言い聞かせてみたり、
現状を変える一言だったり。
きっと幸運を呼び寄せ、
好循環が生まれるでしょう。

牡牛座的 心を救う7つの言葉

1 それは急ぎですか？

1つずつの作業を確実にこなしたい牡牛座は、割り込みで用事を頼まれることが苦手。とはいえ、今の作業を終えるまで待ってもらえないことも。急ぎの作業かどうか、いつまでに終わらせればいいかを確認し、可能な範疇で自分の都合を調整しましょう。

2 聞き上手に徹するのも1つの会話術

饒舌に話せる人のことをうらやましく思うことがある牡牛座は、どんな場でもおとなしめのキャラクターで定着しているはず。うまく話せないと気にすることはありません。相手の話をよく聞いて理解していけば、自ずと心が通じ合い、確かな信頼が育まれます。

3 何事も積み重ねあるのみ!!

地道な行いで経験や学習を積み上げるのが牡牛座です。ダラけて楽なほうに流れそうになったら、「堕落を積み重ねた結果、怠惰な人間になってしまったことを後悔している自分」をイメージしてみると危険性を思い出せるはず。一瞬一瞬の積み重ねが、牡牛座の未来を築きます。

4 誠実な取り組みを糧に大器は晩成する

時間をかけた取り組みで、1つのことを成し遂げる牡牛座のスタイルは、実はなかなかまねのできないスゴ技です。じっくり続けることでしか得られない手応えが、大器をより大きく深くするのです。継続することの尊さを誇り、自分の道を進みましょう。

5 周りを気にせずにマイペースでいることも立派な才能の1つ

いつものペースを乱されると何1ついいことがないのが牡牛座です。特に人のペースに合わせてうまくいくことはありません。どんなに急かされても耳を貸さなくてOK。急がなければならない時も心を落ち着けて、「牡牛座なりに急ぐ」というスタンスで堂々と！

6 お先にどうぞ

急かされたり、あおられたりしても、ビクビクしたり、落ち込んだりしないでください。牡牛座の穏やかな笑顔で「お先にどうぞ」とそっと声をかけてあげれば、それで解決してしまうこともたくさんあります。誰にでも自分のペースがあり、スピードの問題ばかりではないのです。

7 慣れてしまえばどんなことも、“いつものこと”に

新しいことへの切り替えが苦手な牡牛座は、最新のテクノロジーや効率のいいやり方の導入に尻込みしがち。でも実際にそれに変えてみたら、かなり便利で改善されたという経験もあるでしょう。物事の「はじめて」は最初だけのもの。それが日常化して慣れるまでの束の間の辛抱です。

牡牛座的

うまくいかない時のお手本星座

まね《》すべきは

♏蠍座!!

欲しいものは決して最後まで諦めない

自らの情熱に忠実な蠍座。危険があっても立ち向かい、望みを叶えるためなら手段を選ばない強さがあります。無謀ではありますが、守りに徹するだけでは得られないものを、しっかり手にしていくでしょう。

欲しいものを前に怖気づきそうになったら蠍座のような度胸と覚悟をお手本に。結果はどうであれ、死ぬ気でとことんやってもいいかもしれないと思えるはず。そうして一回りタフなあなたになれるのです。

この星座はこんな存在！

♐射手座
新しい挑戦を前に尻込みした時に、勇気と意欲を与えてくれます。

♋蟹　座
どんな時でも協力し合い、お互いが理解者になれるでしょう。

♑山羊座
道を示して欲しい時に、安心のプランを練ってくれるでしょう。

♌獅子座
自信を持ちたい時に、気分を明るくポジティブにしてくれる存在。

♈牡羊座
気乗りしなくて腰が上がらない時に、背中を押してもらえます。

♒水瓶座
アイディアが浮かばない時に、ヒントをもたらしてくれます。

♍乙女座
優しくされたい時に、心地良い距離感で支えとなってくれる人。

♉牡牛座
何も言いたくない時でも話が通じ、かゆいところに手が届く人。

♓魚　座
どんな時でも、ただそばにいてくれるだけで心が安らぐ存在。

♎天秤座
理解者が欲しい時、しっかり話を聞いて足並みを揃えてくれます。

♊双子座
スピード感や要領の良さを求められた時に、力を貸してくれます。

双子座

GEMINI

5/21~6/21

DATA

二区分 ▸▸ 陽
四元素 ▸▸ 風
三区分 ▸▸ 柔軟宮
守護星 ▸▸ 水星

双子座の象徴ワード

臨機応変

目の前を見て、時代を追いながら、
適時にひらめきを働かせる双子座

双子座の 基本性格

まずは双子座の
基本性格を知りましょう。
12星座の中で
どんな性質と魅力を持って
生まれているのでしょうか？

様々な情報を集めてきて自分なりにおいしく調理し、提供できる人

季節が春から夏に移り変わるはざまに生まれた双子座は、物事を「つなぐ」役割を持っています。

あらゆる分野にアンテナを張っていて情報収集力に優れており、それを他の人に教えることが生きがいです。何歳になっても流行に敏感で、同時に新しいものを抵抗なく生活に取り入れられるしなやかな心の持ち主です。

どんな相手にも警戒心を抱かせないフランクさが魅力で、初対面の人にも臆することなく声をかけながら、いろいろなコミュニティを飛び回ります。こうして場に応じて変化する**「臨機応変」**さこそ双子座らしさ。

また「双子」の名の通り、2つ以上のことをこなせる器用さがあります。むしろ複数のことを同時進行したほうが、切磋琢磨できたり、両者のいいところをブレンドできたりして、よりクオリティの高いものを生み出すことができるでしょう。本業とは別に副業を持つことで人生が輝く人も多いので、ぜひ何か始めてみてください。

情報を自分なりに発信することが喜びとなるため、知識やアイディア勝負の分野が活躍の舞台となります。自分のやっていることに自信を持てている限り、双子座は日々楽しみながら過ごせるでしょう。

双子座の魅力 1
会話を介して誰とでもつながる力

双子座と言えば、やはりその高いコミュニケーション力。相手が興味を持ちそうなことを瞬時に見抜き、話を振ることができます。また知性の幅が広く、なおかつ頭の回転が速いので、1つのテーマから次々と連鎖的に話題が広がり、尽きることがありません。

相手を楽しませようとするサービス精神が旺盛なため、時に話を盛ったり、自分をネタにしてしまうこともありますが、人と人との懸け橋である「会話」が上手ということは、それだけ人間を知っているということでもあるのです。

双子座の魅力 2
常に最善を求め瞬間ごとに答えを導ける

双子座は変化し続けます。気まぐれでコロコロ意見が変わると言われますが、一瞬前にはAであった答えが、次の瞬間にはBになることは、双子座にとっては当たり前。なぜなら状況は刻一刻と変わるからです。言い換えれば、風の変化を読む力がずば抜けており、常に小さな決断をし続けているということなのです。

「これがダメならこれ」という引き出しの多さで土壇場をかわしていく臨機応変さには、本人はもちろん、周囲にいる人々も一度は救われているでしょう。

双子座の魅力 3
情報を収集しそれをアレンジできる能力

情報通な双子座ですが、ただ情報を右から左に流すようなことはしません。そもそもトレンドの風をキャッチするアンテナが誰よりも敏感で「伝える」のも得意。双子座の言葉のフィルターを介すと、どんな情報もより魅力的に、おもしろそうに伝わるでしょう。

また双子座はアイディア力にも定評がありますが、「おもしろそう」という一心で、まったく関係ないものを組み合わせ、誰も見たことのないものを作り出します。この情報アレンジ力は他の星座にはない才能と言えるでしょう。

たくさんの魅力があるからこそ、自分のダメなところや
嫌いなところが目についてしまうもの。
ここでは双子座の行動パターンをジャンルごとに解説。
そして短所を長所にするための
行動や考え方をお教えします。

人生全般では

気になることがあるとすぐに飛びつく好奇心旺盛な双子座。結果、少しかじった程度という半端な経験で終わってしまうことも多々。

でも「何だろう？」と思ったら、それが大変かどうか、危険がどうかは気にせず、ピュアな気持ちで追いかけられるのは素晴らしいこと。その気持ちがなければ世界は広がらないのですから。すぐ別のことに気持ちが移ってもいいのです。新しいことを、ちょっとずつ知って「歩くインデックス」のような存在を目指しては？

ネガ
気が多くて飽き性、物事が続かずどれも中途半端……

ポジ
興味のあることがたくさんあるから好奇心で世界が広がる

恋では

恋愛においても刺激を求めるため、いいなと思う人がいた次の瞬間に、また別の人にうっとりしているなど気が多い双子座。言い換えれば、それだけあなたの周りには素敵な人があふれていて、恋のチャンスに事欠かないということ。もしくはあなたは人のいい部分を見つけやすいのかもしれません。

実際、爽やかで会話が楽しい双子座はモテます。何も悪いことはないので、小悪魔のように駆け引きを楽しみながら、飽きの来ない本命を探せばいいのです。

ネガ
刺激を求めて気持ちが定まらず本命が見つからない

ポジ
素敵な人が多いだけ。本命が見つかるまで恋愛未満を楽しめる

仕事では

飲み込みが早く器用な双子座は、たいていのことは人並み以上にできてしまいます。その分、職場で何でも屋になってしまっていて「自分にはウリや武器がないのでは」と不安になることも……。

でも「何でもそれなりにできる」ことの強みをもっと活かしましょう。Aで成功した手法をBのジャンルにも取り入れたり、本業でやっていることをまったく無関係の業種で副業にしてみたりしては？ そうすればあなたの成功パターンは無限に広がります。

ネガ
器用貧乏でこれという1つの道がなかなか定まらない

ポジ
様々な分野で幅広い知識が応用でき可能性が無限大に

人間関係では

誰とでもサラッと会話を楽しめるフレンドリーな双子座ですが、あと一歩のところで踏み留まって、本音を見せられない臆病さがあるようです。そのため「自分には親友と呼べる人がいないのかも」などと不安に駆られることも……。

でも親友の定義は人それぞれ。相手を信頼していても、普段は一定の距離を置いて風通し良くしておきたい人もいます。1人とべったりするよりも、そういう立ち位置の友人がたくさんいる人生も豊かなのではありませんか？

ネガ
本音を見せられず深くつき合える親友がいない

ポジ
風通しのいい距離感で信頼できる人がたくさんいる人生も◎

その他

サービス精神旺盛で相手を楽しませることに余念のない双子座は、楽しくなるとつい話しすぎたり、脚色して盛りすぎてしまうことがあります。ひとしきり話したあとに自己嫌悪に陥ることも。でも「こう言ったらおもしろいかも」「このネタはウケるかも」と考えられるのは、あなたのトーク力が常人離れしているからできること。むしろ「自分は皆を楽しませるエンターテイナーなのだ」と考えて、その役を演じ切りましょう。そのほうが得るものが大きいはずです。

ネガ
無意識のうちに話しすぎたり、盛りすぎてしまう

ポジ
場を盛り上げる常人離れしたセンスを持っているだけ

いつもおしゃべりで、楽しいことを追い求めている双子座。
でも実は人一倍、繊細な一面を持っているのです。
弱気になると、どんどん物事がうまくいかなくなって
自己評価は下がり、ますます落ち込んでしまう……悪循環です。
自分の「落ち込みサイン」を知って、早めに気持ちを切り替えて。

発言にまつわる失態が原因で落ち込むものの立ち直りは早め

新しいことを追いかけて、いつも楽しそうな双子座ですが、ふと立ち止まった瞬間に「自分は何をしていたのだろう……」と空虚さを感じることがあります。たくさんのことを器用にさばいているものの、形になっているものがないと思ったり、1つのことを極めている人と比べて落ち込んだり。忙しく動き回っていると何も考えずに済みますが、ちょっとした空白の時間が訪れると心に穴が開くよう。言わなくてもいいことを言ってしまう、言いすぎるなど、発言にまつわる失態が、落ち込む引き金になることが多いでしょう。

またいつもあらゆるジャンルにアンテナを巡らせている双子座。注目されている人を見て、無意識のうちに「自分より上・下」と優劣を考えてしまったり、そんな自分に自己嫌悪の念を抱いてしまうこともあるようです。ただの情報ではなく自分との比較材料として受け取ると、日々あらゆる事柄に一喜一憂してしまうことに。

とはいえ常に変化する性質の双子座の落ち込みは、一過性のもので立ち直りは早いでしょう。負の感情を抱いていることに気づいた時は、意識して別のことに気持ちを向けたり、場所を変えたりして対象から離れるようにすると落ち込むことが少なくなるはずです。

落ち込みサイン

※Lv1⇒Lv5に近づくほど深く落ち込んでいる可能性が。まずは自覚して！

Lv1 ドタキャンや遅刻が増える

朝、きちんと起きられないのは考え事が増えていたり、逃避として別のことをして夜更かししているからでしょう。こんな時は起きるのが楽しみになるような工夫を。はじめて着る服やメイクアイテムを用意したり、朝に楽しみな予定を入れるのもおすすめです。

Lv2 沈黙に耐えられずしゃべりすぎてしまう

沈黙はあまり得意ではない双子座。そのため、つい自分のプライバシーを切り売りして、あとから「言わなければよかった」と落ち込みます。ネタに困ってその場にいない誰かの秘密を暴露してしまう危険性も……。しゃべりすぎてしまいそうな時はそっと席を立つのが無難。

Lv3 心の中で悪口を言うようになる

人が何を思うかは自由ですが、心の中で悪態をついていると、ついうっかり声に出したり、舌打ちをしていたりすることも。悪口を言ってはいけないわけではありませんが、せめてその人の前ではなく、眺めのいい景色を見ながらが◎。そのうちどうでも良くなってくるでしょう。

Lv4 やることなすことが中途半端になる

何をしても手につかず、完成までたどり着かない。それを誰かに怒られると負のサイクルに突入。身が入らないとわかったらぐずぐずせず、すぐに気持ちの切り替えを。好きな飲み物をいくつか用意しておき、気分に合わせてチョイスすると、双子座的遊び心が満たされます。

Lv5 相手を小馬鹿にした発言が増えてしまう

意地悪な気持ちが実際に言葉として出てしまうのは末期症状。一端、日常から離れる必要があります。日帰りでもいいので、プチ旅行に出かけましょう。近場にお気に入りスポットを見つけておいて、いつでも行ける自分だけのオアシスにするのもおすすめです。

双子座的
心を救う7つの言葉

誰にでもある、うまくいかない日。
心が重くなってきたそんな時は、
ここに書かれた言葉を口にしてみて。
自分に言い聞かせてみたり、
現状を変える一言だったり。
きっと幸運を呼び寄せ、
好循環が生まれるでしょう。

1 たまにはのんびりもいいね

会話のテンポも速く、テキパキと機敏に動き回る双子座ですが、実はそのせいで、無駄に心身が疲弊し、本来の機転を利かせられない「キレの悪いあなた」になってしまうことがあるよう。休息の日を決めて、たまにはゆっくり過ごし、頭を休めてあげましょう。

2 ちょっと整理してみましょう！

まどろっこしいことや面倒が苦手な双子座。面倒なことから逃げるのも要領の良さの1つですが、責任は果たしたいもの。そんな時に口にしたいのがこの言葉です。どうしたらいいのかを整理して並べていけば、双子座ならではの手際の良さで問題を解決できるはず。

3 恐怖に勝る好奇心で、ピンチをチャンスに変えられる

未知のことを恐れるのではなく、むしろ「知りたい！」と好奇心を持って向き合えるのは双子座の長所。ピンチが訪れたとしても「どうすればこの状況を切り抜けられる？」とゲーム感覚で立ち向かえば、どんな試練も楽しく乗り越えていけるでしょう。

4 心がこもれば百人力！

気まぐれであることは否めなくても、興味を持って取り組むことができれば双子座に勝てる人はいません。時に度を超した頑張りで疲労困憊してしまうのはそれほどの集中力を発揮するから。どうしても気乗りしないことがあるなら、どうすればその対象に気持ちを向かわせられるか考えてみて。

5 細かいことは気にしたところで仕方がない

賢く立ち回りたい双子座は、些細なミスを悔いたり、「あれさえなければ良かったのに」と、密かに引きずってしまうことがあります。ですが過ぎたことは仕方がありません。現状は現状としてそのまま受け入れて、持ち前の応用力と器用さで挽回していきましょう。

6 ちょっと席を外すね

言わなくてもいいことまでペラペラと話しすぎてしまう……。これは、ハイテンションorローテンション、いずれの時も双子座が陥りがちな現象。自分が話している時間が5分を超えたら、何もなくてもいったん席を立つと冷静になれるはず。

7 この世界はグッドニュースにあふれている！

流行に敏感な双子座は、最新のおもしろい情報をいつも探していますが、その矛先がバッドニュースやゴシップばかりに向くようになると、一気に品位が下がってしまいます。悪い話ではなく、いい話にアンテナを立てて、ハッピーなことに光を当てていきましょう！

双子座的

うまくいかない時のお手本星座

まねすべきは

♐射手座!!

1つの物事を深く味わい尽くす楽しみと生きがいを知る人

物事の深みや真髄に触れることが生きがいの射手座。それを受けて自らの人生哲学をより深めていくことが生きる喜びです。何気ない会話の中でも、哲学的なことを問いかけてくるので、興味が尽きないでしょう。

どちらかというと物事を広く浅くとらえる傾向のある双子座に射手座が持つ深みが加われば、思考がグラデーションのように広がっていきます。両者の視点を自在に切り替えられるようになれば、ますます知性が活性化。

この星座はこんな存在!

♏蠍　座
噂や秘密を打ち明けたい時に、静かに聞いて黙っていてくれます。

♋蟹　座
弱音を吐きたい時に、優しく聞いて力になってくれるでしょう。

♑山羊座
大きな目標に取り組む時、長期的なプランに助言をくれる存在。

♌獅子座
最後のところで踏ん切りがつかない時に、背中を押してくれます。

♈牡羊座
落ち込んだり悩んだりしている時に、元気を与えてくれるはず。

♒水瓶座
タブーを気にせずに話したい時、すべてを聞き流してくれます。

♍乙女座
まじめに取り組むべき時に、サポートしながら見守ってくれます。

♉牡牛座
おいしいグルメ情報を知りたい時に、実体験で教えてくれます。

♓魚　座
悩みを聞いて欲しい時に、優しく寄り添ってくれます。

♎天秤座
気楽に気ままに過ごしたい時に、それを叶えてくれる存在です。

♊双子座
今すぐ話したい時に、フットワーク軽く予定を合わせてくれます。

蟹座

CANCER

6/22~7/22

DATA

二区分 ▸▸ 陰
四元素 ▸▸ 水
三区分 ▸▸ 活動宮
守護星 ▸▸ 月

蟹座の象徴ワード

義理人情

人とのつながりを大事に、
しがらみをも包み込み思いやる蟹座

蟹座の基本性格

まずは蟹座の
基本性格を知りましょう。
12星座の中で
どんな性質と魅力を持って
生まれているのでしょうか？

損得ではなく「心」で関わることの大切さを体現する人

夏の始まりの夜空に輝き、日々満ち欠けをする月のような魅力を持つのが蟹座です。誰よりも感受性豊かで、真心をもって人に接しようとするでしょう。相手の心の声を感じ取り、必要としている言葉やサポートを差し出す古き良き**「義理人情」**こそが蟹座を象徴するキーワードと言えるでしょう。

そんな蟹座は、誰かを愛して守ることで成長を遂げていきます。自分のテリトリーの内に入れてもいいと思える相手を見つけたら、その人との関係を妨げるものをすべて排除し、相手と一体になろうとするでしょう。

蟹座の最たる特徴は、優しさだけでなくその強さ。大切な人や大事にしている自分のポリシーを守るためには、戦いすら辞さないパワーを発揮します。人間関係でも仕事でも、真剣に心をぶつけ合いたいと考えているのです。

そのため衝突を恐れて小手先であしらわれたり、感情の面できちんと向き合ってくれなかったり、もしくは本心を偽ったりする行為はすべてが「裏切り」。それくらい真剣に1人の人間と向き合っているのです。

蟹座だけが体現する、心を介した本気の関わりは、ネットを介した表面だけのやり取りが多くなる時代の中で、より貴重なものになっていくでしょう。

蟹座の魅力 1
様々なことを「感じる」力がずば抜けて高い

言葉よりも先に、その人が発する感情を敏感に察知する性質があるのが蟹座です。そのため、他人の敵意には即座に反応しますし、場に不穏な空気が流れたら、一瞬で不安に感じるでしょう。周りにイライラした人がいると自分にもイライラが伝染するなど、無意識のうちに機嫌が左右されることも。ですが同じくらい、喜びや楽しみの感情にも敏感なので、急にはしゃいだり、感動して涙を流したりと感情の変化が激しいのです。

日々いろいろな気配を感じやすく、相手の機微に敏い星座です。

蟹座の魅力 2
何があっても人と関わることを諦めない

大声にビクッとする、辛辣な言葉にダメージを受けるなど、感受性が豊かな蟹座。その割に、自分から人に働きかけることを恐れません。世話好きで、時に過保護なくらいにお節介となることもありますが、臆病でありながらも困っている人に声をかけずにいられない優しさがあるのです。

言葉にならないSOSを蟹座にキャッチしてもらえて救われた人は多いでしょう。特に自分より小さい人、立場が弱い人の面倒を見るのは性分。あなたに世話をされた人はすくすく成長するはずです。

蟹座の魅力 3
愛する者に囲まれた場を作り出せる

蟹座は心で感じたものがすべて。そのため相手をスペックで見ることはなく、好き嫌いが判断基準です。というと身勝手なようですが、あらゆるものを感じやすい蟹座が「嫌い」と感じたものは、自分に危害を加える可能性があるということ。余計な疑念や被害妄想に惑わされていない限り、そのセンサーは正確に反応するでしょう。

その結果「好き」と感じたものや人だけを自分の周りに集めた、心から安心できるユートピアを、自らの居場所として作り出すことができるのです。

たくさんの魅力があるからこそ、自分のダメなところや
嫌いなところが目についてしまうもの。
ここでは蟹座の行動パターンをジャンルごとに解説。
そして短所を長所にするための
行動や考え方をお教えします。

人生全般では

心で感じるままに生きる蟹座は、ちょっとした心の機微で一喜一憂します。気分が乗らないと何もする気になれずにダラダラしがちになるなど、感情の変動に自分が振り回されてしまうのです。困った面でもありますが、それだけいろいろな感情を味わえているのは、ある意味貴重。人生を満喫しているとも言えるでしょう。

また誰かが同じ気持ちを抱いた時に共感し、寄り添うこともできるはず。その敏感さは、ある意味「財産」だと思ってください。

ネガ
些細なことに反応し
自分の感情に
振り回されてしまう

ポジ
同じ気持ちを
抱いている人に
共感して寄り添える

恋では

好きな人に尽くすことに喜びを感じる蟹座は、相手のためになりそうなことを片っ端からやっていきます。はじめは遠慮したり、感動されていた親切が、いつの間にか当たり前のことになっていき、相手は自分で何もしなくなる……。蟹座なら、恋愛に限らず様々な場面で心当たりがあるはず。では単純に「世話」をするのはやめ、「育て」てみては？　育てるとは、自分の力でできるように教えることです。あなたが意識を変えれば、必ず違った結果になるでしょう。

ネガ
世話の焼きすぎで
相手を何もできない
ダメ人間にしてしまう

ポジ
面倒見がいいから
粘り強く教えて
相手を育て上げる

仕事では

蟹座の仕事観は根底に「誰かのために」というポリシーがあります。お金を稼ぐ、野心を満たすというよりも、それを待っていいてくれる人のため、あるいは一緒に働く仲間のためという意識が強いのです。そんな自分を甘いと感じるかもしれませんが、「必要とされる自分」を感じた時にあなたはもっとも力を発揮します。それは他の人も同様。あなたに必要とされることでその人も力を発揮する。そんなスパイラルの中心にいるのが蟹座のあなたなのです。

ネガ お金や名誉、儲けにあまりシビアになれない甘い自分……

ポジ 野心を持たず関わる人のために一生懸命働ける

人間関係では

困っている人を率先して助ける蟹座ですが、自分が困った時に弱音を吐けなくなりがち。皆に心配をかけないようにと踏ん張ってしまうのかもしれません。共感性の高い蟹座なら、そうして抱え込んでいるあなたを見るのは周りの人もつらいと気づけるはず。そうなる前に仲間に助けを求めてみて。

助ける側・助けられる側の両方がいてこその仲間です。そうしてあなたに頼られる経験を通じて、何かを得る人もいるということを忘れないで。

ネガ 悩みを1人で抱え込んでしまって周りに心配をかける

ポジ 周りが心配している現状に気がつくから人に頼ることができる

その他

物事でも人でも、好きか嫌いかで判断してしまいがちになる蟹座。そのため一度嫌い判定したものはシャットアウト、冷たく接してしまうことも。そんな自分を狭量だと思うかもしれませんが、好みがハッキリしているのはいいこと。とはいえ、好きと嫌いは背中合わせで、ちょっとしたことで反転するもの。「嫌い＝それだけ強く意識してしまう特別なもの」と考え、その本質を見つめていくようにすると、嫌いなものに対する気持ちがぐっと楽になるはずです。

ネガ 一度嫌いになるととことん冷たく接してしまう

ポジ 嫌いになるほど心が強く反応するものが存在する

いつも朗らかで、大事な人のお世話に余念がない蟹座。
でも急に取り乱したり、
負の感情に襲われてしまうことはあるもの。
弱気になると、どんどん物事がうまくいかなくなって
自己評価は下がり、ますます落ち込んでしまう……悪循環です。
自分の「落ち込みサイン」を知って、早めに気持ちを切り替えて。

相手にしてあげたことを拒否された時に深く傷ついてしまう

人への優しさと親切が行動の基本にある蟹座は、相手を思い、良かれと思ってあれこれ手助けをします。ところがそれを無下にされたり、迷惑そうにされたりすると、相手を思う気持ちを否定されたように感じて、口には出さなくても、心の奥では傷ついてしまっているでしょう。それが続くと「自分は嫌われているのかもしれない」と思うようになり、ますます落ち込んでいくのです。心で人に接する蟹座は、こうした感情のアップダウンを人知れず繰り返しているでしょう。

人との触れあいを大事にするので、感情が揺さぶられるのは主に対人面。相手がどう思っているかを気にして、心を細やかに動かしていますが、落ち込むと感情をぶちまけるか、感情を無にするかのパターンが多いでしょう。落ち込みは長く続く時と、あっさり解消される時があります。相手の真意がわからず、確かめることもできないような時は、ずっと落ち込みを引きずるようです。反対に、嫌いだからどうでもいいと思う相手のことや、自分の思い過ごしであったことがすぐにわかった時は、即座に立ち直るでしょう。

蟹座は感情を扱うプロです。心をどのように動かせばいいかを自覚することで、落ち込みに対処できるでしょう。

落ち込みサイン

※Lv1⇒Lv5に近づくほど深く落ち込んでいる可能性が。まずは自覚して！

Lv1 謝罪の言葉を連呼するようになる

面倒に感じてくると「ごめんね」「すみません」と、呪文のように唱え始めます。相手を労る蟹座らしさとも言えるでしょう。しかし、これに慣れてしまうと、失礼なことをしたあとの保険となり「謝ればいいよね」と開き直るようになるので注意が必要です。

Lv2 何かしてあげるのを億劫だと感じてしまう

面倒見のいい蟹座は、身近にいる人が困っていたら助けるのが基本の対応。しかし、それを億劫に感じるようになると、途端に対応が雑になったり、「自分でやって」などと急に爆発してしまうことも。そういう時は皆で何かを食べるなど、ワイワイ過ごす時間を設けて。

Lv3 会話が面倒になり、キツい一言を口にする

口を開くのも億劫な状態はかなりのストレス度。さらにキツめの一言で相手を追い払おうとするような時は心に余裕がない証拠。こういう時は、無駄な会話をするくらいなら他のことをしたほうが現実的。掃除や洗濯、片づけなど、やるとスッキリする行為がおすすめです。

Lv4 お腹はいっぱいなのに何かを食べてしまう

食後、すでに満腹なのに、なぜかさらに食べてしまう過食傾向が続くのは危険です。満たされていない心を食べ物で埋めようとしている証拠。食べ物に手が伸びそうになったら、お風呂に浸かって温まって。身体の疲れがほぐれていくうちに気分もやわらぎ、食欲も収まるはず。

Lv5 人の悪口を言って自己嫌悪に陥る

言いたい放題の悪態や悪口はスッキリして楽になるかと思いきや、逆に後悔を生み出してしまうでしょう。言ったあとにどっと疲れる感覚があるはず。こういう時は「さすが○○さん！ 期待を裏切らないルーズさ」など、できるだけ笑いにつながるような表現に変えてみて。

誰にでもある、うまくいかない日。
心が重くなってきたそんな時は、
ここに書かれた言葉を口にしてみて。
自分に言い聞かせてみたり、
現状を変える一言だったり。
きっと幸運を呼び寄せ、
好循環が生まれるでしょう。

蟹座的 心を救う7つの言葉

1 「ありがとう」って言われるとすごく嬉しいな

蟹座の本音はここにあるのに、なかなか他の人は気づきません。過去の出来事を話す風を装ってこの言葉を口にすれば、積極的に感謝の言葉を伝えてくれる人が増えるように。喜びが蟹座を元気にし、よりパワフルに活躍できるようになるでしょう。

2 好みは人それぞれいろいろあるよね

一度嫌いになると、もう二度と好きになれないほど好き嫌いがハッキリしている蟹座。「これいいよね」と嫌いなものを押しつけられると、相手のことまで嫌いになってしまいます。好みは人それぞれだからと、受け流してしまうクセをつけておきましょう。

3 優しさゆえの強さは最強の武器《ウェポン》

正義感が強く、何かを守りたいと思った瞬間に信じられないほどの攻撃性を発揮する蟹座は、他から見たらかなり手強い存在。むやみに人に噛みつき、攻撃するのはやめるのが賢明。いつでも敵を打ち負かせるポテンシャルを秘めている、と自分でわかっていればいいのです。蟹座を敵にした人は後悔するでしょう。

4 人を愛する私は人からも愛されています

人一倍、寂しがりな蟹座。自分が他人から愛されているか、不安に感じることもあるかもしれません。でもその心配は無用。あなたに何か親切をしてもらい、いつかお返しをしたいと考えている人は思っている以上に大勢います。そのことに自信を持って。

5 何とかなるから大丈夫！

喜怒哀楽のままに、心をアップダウンさせる蟹座。「最高！」と思っている時は天国に登る気分になれますが、「最悪……」と思った瞬間に、ネガティブ思考がフル回転！　取り越し苦労で済むことに振り回されないように、「なるようになる」と考えましょう。

6 「もうどうでもいい」と思う時は、思考転換のチャンス！

物事や人のことをまっすぐに受けとめてしまう愛情深い蟹座は、ダメだと思ったら極端な方向に振り切り、すべてを投げ出してしまうことがよくあります。どうでもいいと思うなら、いったん感情は脇に置き理性的に状況を見つめてみて。意外にも簡単に解決できてしまうケースがあります。

7 自分が思うほど人は気にしていないもの

失敗したり、ちょっとした発言で相手の気分を害してしまうと、「きっと嫌われている」「悪く思われている」と、悪い想像をふくらませてしまいがち。しかし、相手はあなたほどに深刻に考えてはいないもの。気晴らしをして、気分をスイッチしましょう！

蟹座的

うまくいかない時のお手本星座

まねすべきは ♑山羊座!!

感情に流されずに任務を遂行する強い意志

　実際のメリットとデメリットを見つめながら、ドライに判断して行動する山羊座は、「気持ちは気持ち、現実は現実」という割り切りで、自らの目標にストイックに向かっていきます。山羊座の目標実現の確率の高さの秘訣は、ここにあるのかもしれません。

　気持ちが乗らなくても、好きでも嫌いでも関係なく「成すべきこと」という判断で行動する山羊座のスタンスを取り入れられれば、蟹座の願望成就率も高まっていくでしょう。

この星座はこんな存在！

♏蠍　座
込み入った話をしたい時に、親身になって受けとめてくれます。

♋蟹　座
どんな時でも励まし合って、言葉がなくても理解し合えるはず。

♐射手座
日々のマンネリにうんざりしている時に、風穴を開けてくれます。

♌獅子座
思考停止した時、新しい視点からのひらめきを与えてくれます。

♈牡羊座
憤りを持て余した時、一緒に怒って正義感を燃やしてくれる人。

♒水瓶座
理解しがたいことがある時、多角的な視点でヒントをくれる人。

♍乙女座
うまくいかない時に、そっと近づいて助け船を出してくれます。

♉牡牛座
ホッと一息つきたい時に、リラックスタイムを実現してくれます。

♓魚　座
人からの理解が欲しい時に、仲間として飲み込んでくれるでしょう。

♎天秤座
相手を悪く思ってしまう時に、中庸の立場から助言をくれるはず。

♊双子座
おもしろトークで盛り上がりたい時、一緒に楽しめます。

獅子座

LEO

7/23~8/22

DATA

二区分▸▸陽
三区分▸▸不動宮
四元素▸▸火
守護星▸▸太陽

獅子座の象徴ワード

威風堂々

弱さを見せず、いかなる時も
強くあろうと自らを鼓舞する獅子座

まずは獅子座の
基本性格を知りましょう。
12星座の中で
どんな性質と魅力を持って
生まれているのでしょうか？

獅子座の基本性格

自ら表現者として輝き 周りにとっての 輝き方のお手本となる

夏真っ盛り、太陽がもっとも熱く輝く季節に生まれたのが獅子座です。

太陽の光が大地を照らし出してあらゆる動植物を育むように、獅子座はあらゆるコミュニティで真ん中にいるムードメーカー。その屈託のなさ、天真爛漫さはまさにお日様のようです。楽しさ、喜びを周りの人に伝え、分かち合おうとします。

またどんなにつらい状況でも光を見つける才能があり、「まだ頑張れる」と周りにエールを送ることができます。それが獅子座の周りに多くの人が集まってくるゆえん。どんな状況に立たされようと動じない度胸と怖気づかない強さ……、**「威風堂々」**とした姿が獅子座らしさと言えるでしょう。

また「何かを作り、表現したい」という衝動は獅子座ならではのものです。無から有を生み出すことができる獅子座の作品は、多くの人の心を感動させて、大きなムーブメントを巻き起こすでしょう。そして「自分もあんな風になりたい」と思わせるのです。

自分が自分らしく輝くことで、周りの人たちにも自ら輝く方法を教えていくのが獅子座の役目。周囲を巻き込むパワフルな存在であることを自覚し、自らのテンションをより良い状態に保つことが、獅子座としての使命です。

獅子座の魅力1 自分らしさを表現しながら生きている

自分という存在をいかにこの世界に表現していくか。それを人生のテーマとしているのが獅子座です。誰かの借り物だったり、すでにある形ではない「自分ならではの表現」を模索するでしょう。そのため、文芸、絵や漫画、音楽やダンスなど、創作にまつわる分野に自然と引き寄せられる運命を持っています。

プロであろうとアマチュアであろうと関係なく、アーティストとしての魂を持っているのが獅子座。それを発表する場があると人生が格段に充実してくるのが特徴です。

獅子座の魅力2 投げ出さずに最後までやり遂げる

獅子座には、なぜか目立ってしまう存在感があります。明るくフレンドリーなのでチャラチャラした風に見られがちですが、実は一本芯が通っていて、何事も最後までやり遂げる力があります。それも「皆の期待に応えたい」という思いが根底にあるから。

求められる役を演じる能力も高く、道化役も引き受けます。でも多くの人が獅子座に期待するのは「この人なら何かやってくれるはず」という主人公キャラ。人生でそれを演じ切った時、最高の達成感を覚えるでしょう。

獅子座の魅力3 子どものように全力で一瞬に賭ける

子どものようにピュアで、後先を気にしないところがある獅子座ですが、決して精神的に幼いわけではありません。子どもが全力で遊ぶ時のように「その一瞬に賭ける」ことの大切さを知っているのです。人目を気にしたり、「恥ずかしい」という気持ちが少しでもあれば、その瞬間にすべての力を発揮することはできません。

その一瞬に全力で集中するからこそ出せる力があること、そしてそれこそが多くの人を感動させる力になるということに気づいているのでしょう。

たくさんの魅力があるからこそ、自分のダメなところや
嫌いなところが目についてしまうもの。
ここでは獅子座の行動パターンをジャンルごとに解説。
そして短所を長所にするための
行動や考え方をお教えします。

人生全般では

いつでも不思議な自信がにじみ出ている獅子座。「自分は正しい」と当たり前のように信じていて「自分を疑う」という感覚がないのです。人に何を言われても自分のやり方を貫くため「頑固」と揶揄されることもあるはず。

でもどんな窮地に陥ろうとも自分の思いを貫ける意志の固さは素晴らしいもの。いつしか「確固たる自分軸のある人」として周囲に評価されるようになるはず。「この人が言うなら大丈夫」という頼りがいへと変わるでしょう。

ネガ 人に何を言われても自分の意見を変えられない頑固さ

ポジ 自分軸があり、何があろうとも最後まで意見を貫ける

恋では

何歳になっても人を好きになる情熱的な獅子座ですが、好きになった相手も自分を好いているという謎の確信を持っています。また「先に好きになったほうが負け」「好かれた側が有利」という目に見えない力関係をかなり意識しているはず。そのため自分から告白できなかったり、パートナーとマウントの取り合いになることも。

そうした思い込みは取り除いたほうが、もっと恋を楽しめるはず。「誇れる自分でいれば自ずと愛される」という自信を持ちましょう。

ネガ 好きになったら負け。力関係を意識しすぎて恋愛がうまくいかない

ポジ 優劣に関係なく愛される自信を持てば恋愛をもっと楽しめる

仕事では

子どもの心を持ったまま大人になっている人が獅子座です。そのため社会人になって「やりたくないことをしなければいけない」ということに想像以上に苦しんでいるでしょう。解決策は「好き」を仕事にするか、仕事は仕事と割り切って趣味を充実させる生き方をするかのどちらか。それが難しければ、今の仕事の中に「楽しい」と思える要素を見つけてゲーム感覚で働くといいでしょう。そうすればゲームを攻略するように実績を重ねていけるはず。

ネガ：やりたくないことをやるのが苦痛。好きなことだけしたい

ポジ：楽しさを見出して仕事をゲーム感覚で攻略して実践を積む

人間関係では

「自分の存在を皆に知って欲しい」というのが獅子座の魂に刻まれた願い。存在を無視されるととても悲しみます。そのため常日頃の行動の端々に自分をアピールしたい、自分のことを話したいという思いが透けて見え、周囲から「出しゃばり」と思われることも。

でもこれからは目立ってこその時代。獅子座のようにてらいなく自分をアピールできる力はとても貴重なのです。嫉妬されるのはあなたが魅力的だという証拠なので大歓迎。どんどん表に出ましょう。

ネガ：常日頃からアピールや自分語りをしてしまい周りから煙たがられる

ポジ：自分を主張できるのはとても貴重な能力。嫉妬は魅力的な証

その他

「楽しむ」ことへの投資は惜しまない獅子座。イベントやパーティなど、今日という特別な日を存分に謳歌するためならと、パーッとお金を使ってしまうのです。推し活への投資も惜しみません。そしてあとになって恐る恐る明細を確かめる……なんてことも。でも本来、お金は不安に備えて貯め込むのではなく、今を楽しむために使うもの。あなたの使い方がある意味、正解。その豪快な姿勢をもって、周りに「今を生きる」ことの大切さを教えているのです。

ネガ：楽しむための投資なら気にせずパーッとお金を使ってしまう

ポジ：見えない将来ではなく「今を生きる」という楽しさのために使う

いつも太陽のように明るく自信にあふれている獅子座。
でもいつしかポキッと心が折れてしまったり、
何もしたくない時があるもの。
弱気になると、どんどん物事がうまくいかなくなって
自己評価は下がり、ますます落ち込んでしまう……悪循環です。
自分の「落ち込みサイン」を知って、早めに気持ちを切り替えて。

人に見てもらえない、評価してもらえないと精神的に削られていく

華があり、何をしていなくても存在感を醸し出せる獅子座は、ちやほやされたり好意的な反応が返ってくるのが当たり前だという思い込みがあります。そのため頑張ってやったことに対して、注目してもらえなかったり、褒めてもらえなかっただけで、妙に傷ついたような感覚を覚えます。SNSの投稿で「いいね」をもらえなかっただけで落ち込んでしまうことも。さらに異を唱えられたり、悪い評価をされたりすると、プライドをへし折られたように感じて耐えられないでしょう。事実を受けとめられず現実逃避をしたり、「状況が悪かった」と言い訳をしたり。もっと落ち込んでくると、力業で他者を攻撃するような一面も出てきます。

また獅子座は太陽を守護星に持ったため、太陽と縁遠い生活になると、負のスパイラルに突入します。夜型になったり、家から出ない生活を送り始めるのは、その前兆と言えます。

細かいことをクヨクヨ気にするタイプではないので、立ち直りは早いですが、同時に「居直る」という技で落ち込みを表現することもあります。自分には関係ない、あの人だって同じ間違いをしたなどと言い訳をして非を認められません。落ち込む自分を受け入れられないプライドの高さがあります。

落ち込みサイン

※Lv1⇒Lv5に近づくほど深く落ち込んでいる可能性が。まずは自覚して！

Lv1 悲劇の主人公になった妄想をしてしまう

起きた一連の悪いことを次々挙げて「なんてかわいそう」と自分を憐れんだり、相手を徹底的に悪役に仕立て上げたり。そんな妄想をしている自分に気づいたら危険サイン。でもこれはまだ余裕のある段階。想像の物語に落とし込んで納得しようとしているからです。

Lv2 あえて意地悪な発言をしたくなる

相手が言われたくないだろうことをあえて指摘したり、わざとチクッとトゲのある言い回しで伝えるのは、自分の中にも似たような部分があるから。他人のことにかまけるのはやめ、自分を見ること。鏡を見てください。カラオケなど自己表現で発散するのもいいでしょう。

Lv3 夜になると目が冴え、気づくと朝になっている

朝までテレビを見たり、ゲームをしたりと夜更かしが続くのも危険。獅子座の守護星は太陽なので夜型になるのは心が乱れている証拠です。太陽の出ている日中に身体を動かしましょう。心地いい疲労感が生まれれば、夜も自然とスムーズに眠れるようになるでしょう。

Lv4 人に暴言を吐いたり、威張り散らしてしまう

「こんなこともできないんだ？」「私が決めたことに従って」など、力を振りかざし、有無を言わさず人を押さえつけるような発言が増えてくるのは、心の余裕が皆無になっていることの表れ。いったん日常を離れて楽しいことに意識を向けるなど、気持ちの切り替えが急務です。

Lv5 だんまりで押し通すようになる

人に何を言われても応じず、説明もせず……居直りの態度をとるようになったら、それは末期。耳の痛いことを言われても、それが事実であるなら素直に受けとめ、改めましょう。本来の獅子座は、どんなことでも昇華してエネルギーに変えられる力があります。

誰にでもある、うまくいかない日。
心が重くなってきたそんな時は、
ここに書かれた言葉を口にしてみて。
自分に言い聞かせてみたり、
現状を変える一言だったり。
きっと幸運を呼び寄せ、
好循環が生まれるでしょう。

獅子座的

心を救う7つの言葉

1 どんなことでもやろうと思えば、楽しくできる

生きていれば、誰にでも苦しいこと、困難なことがあります。こうした憂うつに向き合った時こそ、獅子座は本領を発揮するでしょう。しぶしぶ取りかかったことの中におもしろさや楽しみを見つけ、いつの間にかエンタメ化してしまうポジティブな感性があります。

2 これ、お願いしてもいい？

人に弱みを見せることを嫌う獅子座は「できません」「限界です」と言えずに無理をしがち。その結果、すべてを引き受けて後悔するのです。そうならないためにも、「できない」と弱音を吐くのではなく手伝いを「お願い」できれば、もっと気持ちは楽になるはずです。

3 褒められて伸びるタイプです

努力を惜しまない獅子座ですが、努力や苦労を認めてもらえないと頑張る気になれないところがあるようです。ならば、しっかり周りに褒めてもらいましょう。周囲からの賞賛が獅子座への最高のエール。持ち前のバイタリティを存分に発揮できるようになるでしょう。

4 見て見て、きれいでしょ！

きれいなものを見つけた時の子どものように、無邪気に感動を言葉にしている時が、一番魅力的な獅子座。「相手に見せつけて自慢しよう」といった邪念の混じったアピールは不要。ただ思ったことを言葉にしていけば、自然と愛されるのです。

5 皆でいると楽しいよね！

皆でワイワイすることが好きで、人といると自然と笑顔になってしまう獅子座。そんな気持ちは周りに伝播します。場のムードが悪い時やなじめない人がいる時は、ぜひこの言葉を使ってみて。あなたに言われると、周りの皆も楽しい気分になってくる魔法の言葉です。

6 私は天才だ！

苦労したこと、頑張ってきたことを達成したり、一段落のところまでくると、「やったー！」という気持ちになる獅子座。こういう時は、誰も何も言ってくれなくてもいいのです。「私は天才だ！」と、自ら声に出してみて。本当にそんな気がしてくるでしょう。

7 私は存在しているだけで十分です

存在感のある獅子座は、黙ってそこにいるだけでも人から注目されやすいはず。にもかかわらず、皆が自分のことをどう思い、どう言っているかを気にし、何かしなくてはと焦るでしょう。何もしなくて大丈夫！　獅子座はそこにいるだけで輝く存在なのですから。

獅子座的

うまくいかない時のお手本星座

まねすべきは

♒水瓶座!!

「自分が」ではなく「皆のため」に生きる発想

何があろうとも常にクールで、物事を客観的に見るのが水瓶座の特徴。「自分中心」の価値観を持つ獅子座とは真逆の存在です。そのため話していると新鮮な驚きが多いでしょう。自分のことよりも地球や宇宙基準で物事を見ているセンスにも驚かされ、自己アピール重視の自分が子どもっぽく感じられるかも。

水瓶座の根底にある「皆のために」という思想をまねすれば、獅子座が持つリーダーとしての資質にさらに磨きがかかるでしょう。

この星座はこんな存在！

♏蠍　座
悩んで行き詰まった時に、鋭い指摘で気づきを与えてくれる人です。

♋蟹　座
情熱や思いを受けとめて欲しい時、親身になって聞いてくれます。

♐射手座
飾らない素の自分になりたい時、安心して鎧を脱ぎ捨てられる相手。

♌獅子座
気分転換したい時、一緒に思いきり笑って楽しんでくれるでしょう。

♈牡羊座
同意して太鼓判を捺してほしい時、意気投合して賛同してくれる人。

♑山羊座
調子に乗りすぎた時に、注意してサッと軌道修正してくれる存在です。

♍乙女座
困っている時に、ポイントを押さえて助けになってくれる存在です。

♉牡牛座
浪費グセがついた時、長く使える良質な本物を教えてくれます。

♓魚　座
落ち込んだ時に、不安や心配、愚痴を聞いて受けとめてくれます。

♎天秤座
人間関係につまずいた時、間に入って誤解を解いてくれる仲介者。

♊双子座
アイディアが欲しい時に、よき刺激やヒントを与えてくれる存在。

乙女座

VIRGO

8/23~9/22

DATA

二区分 ▸▸ 陰
四元素 ▸▸ 地
三区分 ▸▸ 柔軟宮
守護星 ▸▸ 水星

乙女座の象徴ワード

勤労奉仕

人の役に立つことで、
世の中を支えていこうとする誠実な乙女座

乙女座の
基本性格

まずは乙女座の
基本性格を知りましょう。
12星座の中で
どんな性質と魅力を持って
生まれているのでしょうか？

理想を実現するために
自らの力を尽くす
ロマンチックな現実主義

　夏から秋に移り変わるシーズン。「季節の変わり目、ご自愛ください」という言葉がしっくりくるのが乙女座です。とてもナイーブであるがゆえに人をケアするのが上手という性質を持っている、心優しい星座なのです。

　この他によくある乙女座評として「完璧主義」というものがあります。では何のために完璧であろうとするのでしょう？　乙女座の中には「世界はこうあって欲しい」という理想があるのです。それに近づけるために、整えたい、誤りを正したい、汚れを取り除きたいといった衝動が湧き上がります。それが人に向かうと小言が多くて批判ばかりというレッテルが貼られてしまうのですが、乙女座の心の中にはそういうロマンがあるということはもっと知られてもいい事実でしょう。

　そんな乙女座は、いつも人の役に立つことを考えて行動しています。**「勤労奉仕」**、まさにこの言葉が乙女座を象徴するキーワード。乙女座が描いているのは、決して自分だけが得をする世界ではなく、皆が安全に、失敗なく暮らせる世界です。

　理想と現実のギャップに落ち込みやすいですが、素晴らしい使命感を持つ乙女座はこの世界の皆に必要とされているのです。

乙女座の魅力 1 あらゆる異変に気づく観察力

乙女座と言えば、目の前にある世界をつぶさに観察する能力の持ち主です。異変や違和感に気づく能力は誰よりも高いでしょう。それゆえ「几帳面で細かい」と言われますが、その観察力によって救われた人はかなり多いはずです。

本来あるべき場所にあるべきものがない状態が気になって仕方がないため、部屋の乱れなどにも敏感。異常事態にもすぐ気づくためちょっと体調が悪そうな人にもいち早く声をかけることができます。この世界を整えるのに必要な能力の持ち主です。

乙女座の魅力 2 あらゆる危機に備えられる高い知力

乙女座の柔軟性は特に「備える」という形で表れるでしょう。「ひょっとして」というやや悲観的な妄想を抱きやすいところがあり、不測の事態に備えて、あれこれ準備しておきたがります。そもそも乙女座はタフなタイプではないので「万が一」があると困るのです。しかもその備えは自分のためというよりは、一緒にいる「皆のため」のものでもあるのが乙女座の優しさです。

刻々と移り変わる状況に応じて必要なものは何かを割り出せる、高い知力のなせる業です。

乙女座の魅力 3 実現可能な計画を立てて遂行する力

乙女座はどんな時でも努めて現実に即した判断をすることができます。直感や感情で決めたことに従うなんて恐ろしいことはとてもできないと思うでしょう。そのため行動する際も事細かに、かつ実現可能なスケジュールを組みます。乙女座が仕事面で有能なのは、まさにこの感覚があるから。

きちんと納期に合うようにミスのない仕事に仕上げます。当たり前のようでいて、なかなか実行できる人がいないからこそ、乙女座は「頼れる人」として評価が高いのでしょう。

たくさんの魅力があるからこそ、自分のダメなところや
嫌いなところが目についてしまうもの。
ここでは乙女座の行動パターンをジャンルごとに解説。
そして短所を長所にするための
行動や考え方をお教えします。

人生全般では

些細なことにも気がつく乙女座は常にアンテナを張り巡らせています。あれが足りなくなる、これが必要だなどと、現状の一歩先を見て、不足を補おうとします。

居合わせる人、そのすべてに感覚を研ぎ澄ませているので、日々の疲れは尋常ではないはず。「もっと大ざっぱになりたい」と思うこともあるかもしれませんが、あなたの細やかな配慮の上に成り立っている物事は数え切れません。皆、心の中ではあなたに感謝の念を送っているのです。

ネガ
細かいことに気がつきあれこれ気遣うから疲れてしまう……

ポジ
人が気づかないことに先回りできるから場がうまく成り立つ

恋では

偽りのない一途な思いから始まる理想の恋を求め続ける乙女座。でもそんなに美しい恋の始まりはなかなかありません。妥協できず長年の片思いに陥ったり、パートナーができても理想とのギャップについ小言を言ってしまったり。いつしか独り相撲になっている自分に気づくでしょう。

でも乙女座にとって恋は、大切な心の中身を交換するセレモニー。その思いを大事に持ち続ければ、同じレベルでそれを求める人と引き合う時がきっと来ます。

ネガ
美しい恋の理想を追い求めすぎて空回りしてしまう

ポジ
一途に理想を求めれば同じような考えの人と出会い、愛される

仕事では

細やかで誠実な仕事ぶりで信頼を得る乙女座は、日に日に「これお願い」と、頼まれ事が増えていくでしょう。求められることが嬉しくて、それも完璧にこなしているうちに休む暇のない状態に。「便利屋のように思われているのでは」と落ち込むことも。

しかし、仕事を頼まれるのは有能だからこそ。今後は安請け合いをやめ、「高めに」引き受けていくのです。そうすれば件数を減らしつつ報酬を上げ、あなたの時間も守ることができるでしょう。

ネガ
あれこれ頼み事をされ
いいように使われて
便利屋みたいになる

ポジ
大量の些末な業務も
的確にこなせる
仕事がデキる人

人間関係では

細かなところまで気づいてしまう乙女座は、大事な人の失敗を未然に防ぎたいと考えます。「念のために、こうしたほうがいいよ」という言葉は親切心ゆえ。でもそれがエスカレートして「うっとうしい」「お節介」と言われ落ち込むこともあるでしょう。

ですが、人のために尽くせる優しさには自信を持って。事前に注意するのではなく、事後に行動でフォローするようにしてみてください。きっと皆、あなたの存在のありがたみを実感するでしょう。

ネガ
小言が多く
お節介だと
言われてしまう

ポジ
ミスしそうな人を
見逃せない
心優しい人

その他

観察力が高く、鋭い視点を持つ乙女座は、人よりも多くのことに気づいてしまいます。自分だけでなく他の人の心配も抱え込み、どんどん疲弊し……。そのため乙女座は体力面では12星座の中ではかなり虚弱なほう。決して無理が利くタイプではありません。でもその分、健康意識の高さはずば抜けています。自分のために仕入れた健康情報を他の人にシェアしてあげたり、具合の悪い人にいち早く気づくことができたり。保健委員的存在として活躍できるでしょう。

ネガ
心配性でストレスフル
体力もないし
健康面が心配……

ポジ
虚弱体質だからこそ
自衛意識が高く、
周りの状態にも敏感に

いつも誰よりも気が利いて、細かく立ち回っている乙女座。
でもすべてを投げ出したくなったり、
自己嫌悪に陥ることはあるもの。
弱気になると、どんどん物事がうまくいかなくなって
自己評価は下がり、ますます落ち込んでしまう……悪循環です。
自分の「落ち込みサイン」を知って、早めに気持ちを切り替えて。

些細なことから落ち込みの沼に自らを追い込む

聡明でデリケートな乙女座は、様々なことによく気づきます。人をよく観察し、適切な状況判断で行動します。時には細かい指摘をすることもありますが、同じように人から批判されたり、間違いを指摘されたりすると、深く落ち込むことがあります。穴があったら入りたい気分のままに、どこまでも穴を掘り下げていくのです。

原因を克服できれば問題ありませんが、解決できないままでいると、そのことがふと脳裏に浮かんだ時に何度も傷つくでしょう。自分の非を指摘した相手を煙たく思うようになることも。完璧主義的な乙女座にとっては、どうしても許せないことなのです。

誰にでも間違いはあり、恥ずかしい思いをすることもあります。それが人間であり、自分もその一員であることを理解することが、乙女座には必要かもしれません。

落ち込むと、決まったことができず、ルーティンが崩れていく傾向があります。そのことにさらに落ち込み「もっとちゃんとしなければ」と自分に発破をかけて追い込んでいくため、一度、落ち込むと深刻化しやすいのも特徴です。そうならないために、落ち込みの序盤段階で自分をいたわることを忘れないようにしてください。

落ち込みサイン

※Lv1⇒Lv5に近づくほど深く落ち込んでいる可能性が。まずは自覚して！

Lv 1 いつもの日課をこなせなくなる

毎日のルーティンをこなすことで調子を安定させることができるのが乙女座。でもそれができないのは、どこかに無理が来ている証拠。とはいえ365日あれば、日課をこなせない日もあるので思い詰めないように。タイミングをずらすか、簡易的なやり方を試して。

Lv 2 無意識に「もっと頑張らなくては」と自分に言っている

ここは踏ん張りどころという時なら、もっと頑張っていいでしょう。しかし、たいていの場合、乙女座はまじめに取り組んでいて、すでに頑張っているのです。自分にプレッシャーをかけすぎると、精神的に追い込まれてしまいます。こういう時は早めに寝て疲れを癒やして。

Lv 3 なぜか人の粗ばかり目についてしまう

相手をしっかりと見る才能がある乙女座ですが、その人の悪い部分を見つけるのも上手。相手の性格の難や、仕事の雑さなどが目についてイライラしてしまうのは、余裕のなさの表れ。どうしても他人のことが気に障る時は距離を置き、1人になる時間を作りましょう。

Lv 4 お腹が痛かったり、トイレの回数が増える

乙女座は胃腸が敏感な星座です。そのためストレスが身体的な不調として表れやすい傾向にあるのです。神経の高ぶりを抑えるためには、いったんストレス源から離れてリラックスできる環境を整えましょう。それでも不調が続く時は、迷わず病院へ。

Lv 5 決まっていた予定をドタキャンする

几帳面でまじめなはずの乙女座がドタキャンするのは、かなりのこと。約束しているから行かなくてはいけない、でもどうしても行きたくないというギリギリのところでせめぎ合い、結局キャンセルすることになるのは重症。「断るなら早めのほうが親切」と考えて。

誰にでもある、うまくいかない日。
心が重くなってきたそんな時は、
ここに書かれた言葉を口にしてみて。
自分に言い聞かせてみたり、
現状を変える一言だったり。
きっと幸運を呼び寄せ、
好循環が生まれるでしょう。

乙女座的 心を救う7つの言葉

1 ここまででいいですか？

すべてを完璧にしたい乙女座です。自分１人でも可能なことなら、丸ごと引き受けても問題ありませんが、それが難しそうなら、範囲を限定しておくのが◎。請け負ったところだけを完璧にこなすようにすれば、心身ともに負担とリスクを軽減できるでしょう。

2 そろそろお時間が……

自分のリズムで動いていきたい乙女座にとって、予定がずれ込んだり、変更になるのは極力避けたいことでしょう。決められた時間で動くイベントや会議などでは、自らタイムキーパー役を買って出て。残り時間を伝えつつ、予定通りの進行を目指すとストレスがないでしょう。

3 「いてくれないと困る」存在、それが私

忘れて来る人がいるだろうと予測して、自分の分にプラスして、余分に用意するなどのホスピタリティがある乙女座。乙女座のお陰で事なきを得たという人も多く、いてくれて助かったと思われているでしょう。トラブルを未然に防ぐ優しい心遣いの達人です。

4 どんなことにも手を抜かない。信頼こそがすべての基本だから

乙女座は努力の人。まじめで勉強熱心、インチキをすることなく、しっかり責任を果たします。こうした誠実な行動が乙女座の人となりを築き、周囲からの信頼を勝ち得るのでしょう。恋も仕事も人間関係も、すべて信頼で成り立っていることを知っているのです。

5 実は……〇〇マニアなんです

占いで「まじめで誠実」と言われると、おもしろみや個性がないのかと残念がる乙女座の人がいますが、決してユニークさがないわけではありません。むしろ、まじめにその道を究めていくため、超マニアという人が多いのです。意外な趣味があるなら、ぜひ周りにオープンにして。新たな一面を見せられるはず。

6 気にしすぎだよ！

状況や人を観察して、適時に対応していく冷静な乙女座ですが、その一方で、細やかで繊細な神経の持ち主。気になることが脳裏をかすめると、心配や自己嫌悪が止まらなくなるでしょう。たいていの場合、それは取り越し苦労に終わるはず。この言葉をぜひ自分に言い聞かせてあげて。

7 完璧じゃないところも、私の魅力

几帳面な乙女座には、自分が関わったことや手がけたことはパーフェクトに終わるのが当然という思いがあります。しかし、細かなチェックをするものの、大きなことを見落とすことが！　周りはそれを見て安心するでしょう。そこが乙女座の人間らしさなのです。

乙女座的 うまくいかない時のお手本星座

まねすべきは ♓魚座!!

全部を自分でやらずに「人に任せる」という信頼力

どことなく頼りなさそうで手助けしたいと思わせる魚座は、人からお世話を焼かれるのが上手です。その秘密は、人に何をされてもすべてを素直に受け入れてしまう力。人にしてもらうこと、されることを「一切拒絶しない」という、魚座ならではの技なのです。

何でも自分でこなしたい乙女座は、人にしてもらうことを拒みがちですが、たまには魚座のように相手を信じてすべて委ねてみて。きっと新しい世界が広がっているはず。

この星座はこんな存在！

♏蠍　座
完璧を目指す時、落ち度をチェックして成功に導いてくれます。

♋蟹　座
ホッとしたい時に、ありのままを受け入れて包み込んでくれます。

♐射手座
クヨクヨと悩んでいる時、大らかな明るさで忘れさせてくれます。

♌獅子座
スカッとしたい時に、気持ちのいい大胆さで叶えてくれるでしょう。

♈牡羊座
最後の一押しが必要な時、勇気づけてやる気にさせてくれます。

♑山羊座
間違いのないことを確認したい時、大丈夫とお墨付きをくれる存在。

♍乙女座
反省会の時に、長短を真摯に指摘して次につなげてくれる存在です。

♉牡牛座
弱気になった時、気持ちに理解を示して力を与えてくれるでしょう。

♒水瓶座
気づきが欲しい時に、語り合うことでひらめきを与えてくれます。

♎天秤座
人疲れした時に、普段の行いに理解を示して労ってくれる人。

♊双子座
愚痴りたい時、些細なことにも同意して話につき合ってくれます。

♎

天秤座

LIBRA

9/23~10/23

DATA

二区分▸▸陽　四元素▸▸風
三区分▸▸活動宮　守護星▸▸金星

天秤座の象徴ワード

尽《じん》善《ぜん》尽《じん》美《び》

人間関係や事象の中にある
理想の「美しさ」を追求する天秤座

天秤座の基本性格

まずは天秤座の
基本性格を知りましょう。
12星座の中で
どんな性質と魅力を持って
生まれているのでしょうか？

好奇心が「人」に向かい人の輪の中でこそもっとも美しくいられる

世の中が紅葉で鮮やかに色づく季節に生まれた天秤座は、美と縁の深い星座です。牡牛座との違いは単体での美というよりも「周囲との調和」というニュアンスがあることです。

そのため天秤座は、見た目の美しさや芸術性だけでなく、場の空気に合わせ、相手に不快感を抱かせない振る舞いにこだわります。不和や諍いが生まれそうな時は、無意識のうちにバランスをとってなだめようとするでしょう。

天秤座の最大の特徴は、好奇心が「人」に向けられること。相手が何を思っているか、機嫌はどうか、今眉毛を下げたのはどんな意味か、言葉の真意は……など常に考えています。そういったことをすべて加味した上で、適切な行動をとることができるため「空気を読むのがうまい」「人の懐に入り込むのが上手」とされるのです。

また「この人とこの人を会わせたらおもしろいかも」というマッチングのセンスがあります。これも人をよく見ているからできることです。コラボが盛んになっていくこれからの時代、その能力はかなりの武器となるはず。

そんな天秤座の性質を一言で表すなら**「尽《じん》善《ぜん》尽《じん》美《び》」**。どんな人にもその人ならではの「良さ」があることを信じて生きている人なのです。

天秤座の魅力 1
絶妙なバランスで調和させる

天秤の片方のお皿に何か乗った状態であれば、それと釣り合うものをスッと差し出せるのが天秤座です。不穏な空気を感じたら即座に和ませるような発言をするなど、無意識のうちにバランスをとるような行動をしていることが多いのでは？ それゆえにあなたはいろいろな場の潤滑油として必要とされるでしょう。

ただしそれは「一緒にいる相手によって自分の態度が左右される」ということでもあります。あなたが「いい自分」でいられる相手選びがとても重要でしょう。

天秤座の魅力 2
場に適した華やぎを添える力

社交的でいろいろな場所に出かけていくことを好む天秤座は、自分がどう見られるかを人一倍意識します。着たい服を着るというよりも、場所、来る人、シチュエーションなどを考えた上でベストな装いを選ぶことができます。まとうのは服だけではありません。笑顔や声でその場に華をもたらす力も兼ね備えています。

まるで自分を俯瞰するカメラが備えられているかのように、その場にふさわしい振る舞いができる天秤座。それゆえあちこちからたくさんのお声がかかるのでしょう。

天秤座の魅力 3
常に公平に判断できる冷静さ

天秤座は常に、情報や理論に即した判断をすることができます。特に公平であることには重きを置いていて、何かに過剰に肩入れすることを嫌い、すべてと均等に距離を取ろうとするでしょう。同時にいい・悪いという価値基準がすべてではないこと、この世の中にはグレーなものが存在していることを知っており、中庸の答えを取ることもできます。そのため仲裁を得意としています。

状況に応じて精神的に成熟した判断を下すことができる存在として周りに頼りにされているのです。

たくさんの魅力があるからこそ、自分のダメなところや
嫌いなところが目についてしまうもの。
ここでは天秤座の行動パターンをジャンルごとに解説。
そして短所を長所にするための
行動や考え方をお教えします。

人生全般では

いつも整った身なりで、TPOをわきまえた行動ができる天秤座。そんなあなたを「体裁ばかりで中身がない」などと言う人もいるかもしれません。でもどこで誰に会っても恥ずかしくない装い、会った人を不快にさせない振る舞いができるのはすごいこと。第一印象で「信用できない」と思われれば恋愛も仕事も先に進めないのですから。自分の好感度のためではなく「相手に失礼がないように」という配慮とリスペクトを込められるとさらに印象は良くなります。

ネガ
人からどう見られるかばかりを気にしている

ポジ
誰にも不快感を抱かせないための素晴らしい気遣い

恋では

嫌われたくない思いがあるため、「物わかりのいい存在」を演じてしまいがちな天秤座。格好悪いところを見せたくない、追いすがるようなことをしたくない。その結果、「会いたい」などの本心を打ち明けられず寂しい思いをすることもあるのでは。それだけ相手の身になって考えられるというのは素晴らしいこと。でも天秤が一方の皿だけでは成り立たないように、相手を思うのと同じだけ自分のことを考えるのも大切です。次は自分の気持ちも主張してみて。

ネガ
物わかりがいいふりをして本当のことを言えない

ポジ
相手の考えがわかるから自分の気持ちも主張できる

仕事では

頼み事や提案などをされた時に「ノー」と言うのが苦手な天秤座。けむに巻くように返事を保留にし、その場を立ち去ることが多いのでは。でもそんな曖昧な態度を取るのは、自分の中では「イエス」と言えない理由がわかっているからです。だからこそ相手に問題点を指摘してあげることもできるでしょう。きっと感謝されるはず。

また答えを放置するのではなく「状況を見極めたい」といった形でいったん持ち帰る技も使えるようになるとなお良し。

ネガ 断るのが苦手で答えをぼやかして放置してしまう

ポジ 即座に「イエス」と言えない原因が何かきちんと理解している

人間関係では

多くの人に「八方美人」と評される天秤座。でもこれは簡単なようでいて、なかなか難しいこと。人によってされて嬉しいこと・嫌なことは千差万別、その日のコンディションによっても違います。それを瞬時に見極めることができるのはかなり高度なテクニック。

厄介な人がいても、そのことを悟らせず、場を収めるというのはただのお調子者にできる技ではありません。自分は、皆が心地良くいるための場の調停役を担っているのだと自信を持って。

ネガ どんな人にも愛想が良く自分軸を持っていない

ポジ 瞬時にその場の雰囲気を読み取り相手に合わせられる

その他

天秤座は、自分が相手にどのように思われているかを気にします。悪い印象を持たれないようにすることはもちろん、常に「ワンランク上の自分」に見られたいと願っているでしょう。

そのため装い、つき合う人、住む場所、会話の題材なども「どう見られるか」基準で考えています。それを「自分がない」と言う人もいるかもしれませんが、言い換えればセルフプロデュース力が高いということ。心配しなくてもそれが「あなたらしさ」です。

ネガ 人にどう思われるか気にしてばかり……実は自分がないのかも

ポジ 自己演出する力が人よりも高い。これが「自分らしさ」

いつもおしゃれで、感情的になることはほとんどない天秤座。
でも家に帰って１人で悶々と、
その日の行動を反省していることもあるもの。
弱気になると、どんどん物事がうまくいかなくなって
自己評価は下がり、ますます落ち込んでしまう……悪循環です。
自分の「落ち込みサイン」を知って、早めに気持ちを切り替えて。

好印象を与えるのがうまくいかないとひどく落ち込む

常に人の視線を意識して生きる天秤座です。そのため「人にどう思われるか」が脳内の大部分を占めています。それはファッションや髪形などの外見面から、ＴＰＯに応じた振る舞いができているかどうかなど、行動のすべてに及び、他の人よりもかなり高いレベルで気を配っています。それに失敗して、場にそぐわない服を着てしまったり、空気の読めない発言をするなど、他人に失態を見せてしまった時には、ひどく落ち込んでしまうでしょう。「あのシチュエーションではこう振る舞うのが正解だったのになぜできなかったのか」と、コミュ力が高いがゆえの落ち込みもあるはず。

いつでも人に見られているという意識があるため、蔑ろにされたり、存在を無視されたように感じた時もダメージが大きいでしょう。

また美しくないこと全般が苦手で、争い事も嫌います。相手に言い返すのもはばかられ、ただ落ち込みます。

１つのことに執着するタイプではないので立ち直りは早いですが、こうした落ち込みが蓄積されていくと「私なんて」という自己否定につながります。人を避けるようになったり、ストレスのはけ口としての散財も心配。早めにストレスを発散しておきたいもの。

落ち込みサイン

※Lv1⇒Lv5に近づくほど深く落ち込んでいる可能性が。まずは自覚して！

Lv1 安請け合いが増えてくる

「ノー」と言えないだけでなく、「ノー」を言うのが億劫に感じられる状態なのかもしれません。対応できなくなってしまう前に、「今はすでにある案件で手いっぱいです」と伝えましょう。そして、少しでも自分の時間を多くして、一息つける状態にしてください。

Lv2 気づくと衝動買いし、あとから驚愕する

買い物好きの天秤座は、ストレス発散のショッピングで元気を取り戻すでしょう。しかし、カード決済で気持ち良く散財し、あとから来る請求額に驚愕することも。一大事にならなければいいですが、カードの利用限度額を低めに設定するなど、何らかの予防策を。

Lv3 人を避けたいと思うようになってくる

人と会うことを楽しみにする天秤座が、引きこもりモードになるのは危険サイン！　こういう時は、自分のためだけに過ごす時間を作りましょう。エステや美容室などに行って、より美しい自分になりながら癒やされてみて。心にゆとりが生まれてくるはず。

Lv4 「私は悪くない」と言い訳をするように

美しさにこだわる天秤座が見苦しい言い訳をする時は、だいぶお疲れでしょう。言い訳しなくてはいけない失態を犯してしまったのも、そもそも蓄積している疲れが原因のはず。このレベルに達してしまったら一度、用事をキャンセルして心身を整えることを優先して。

Lv5 都合の悪い現実をなかったことにする

嫌いな人を徹底的に避けるようになったり、落ち込む原因となった出来事を忘れようとしたり。その瞬間だけ、事なきを得たかのように思えても、まったく丸く収まりはしません。一度、ちゃんと現実に向き合うためにも友人に愚痴を聞いてもらう機会を設けるといいでしょう。

誰にでもある、うまくいかない日。
心が重くなってきたそんな時は、
ここに書かれた言葉を口にしてみて。
自分に言い聞かせてみたり、
現状を変える一言だったり。
きっと幸運を呼び寄せ、
好循環が生まれるでしょう。

天秤座的 心を救う7つの言葉

1 申し上げにくいのですが……

相手から別の意見を出されてしまうと、自分の意見を言えないまま流されてしまいがちになる天秤座。「反対意見＝反論」ではないことを理解し「僭越ながら」「実は……」などと、クッション言葉を挟めば、衝突するつもりではないことが相手に伝わるはずです。

2 「人と話すこと」は私の特技

「相手の話題に合わせればいい」と言いますが、なかなかそれを実行できる人はいません。それを普通にやってのける天秤座はすごい！　会話の受け答えのセンスもいいので、天秤座と話した相手は、気分が良くなってたくさんしゃべってしまうはず。

3 メリットとデメリットがありますよね？

中庸の美を守りたい天秤座は、対立する二者を前に意見を問われると、返答に詰まることが。そんな時は、相対する2つの事案についてのメリットとデメリットを考える方向に話をシフトしてみて。自分の考えもまとまり、相手も「なるほど」と聞いてくれるようになるでしょう。

4 私は今のままで十分素敵。だから、張りぼては不要です

美しさにこだわる天秤座は、格好悪い自分や見劣りする自分が許せません。見栄っ張りになって自分を良く見せようとすることがありますが、そんな自分に辟易するというパラドックスも……。そんな時はこの言葉を自分に唱えてあげて。

5 プレゼント選びなら私に任せて

ファッションに限らず、あらゆるもののセレクトにセンスが光る天秤座。ちょっとしたギフトやお土産もしゃれていて、もらった人の気分が上がるものを選びます。食事のお店選びも買って出れば、あなたのセンスの良さが多くの人に伝わります。

6 どんな場でも炎上したら、私が火を消します

場の空気に敏感な天秤座は、不穏な気配が漂ったら即座に気がつきます。そして出火元になりそうな人に笑顔で近づき、鎮火に努めるでしょう。空気を和ませる言葉で、一瞬にして場の雰囲気を変えることも。あなたの陰ながらの消火活動に感謝している人はたくさんいるはず。

7 私も人に気遣ってもらいたい

人に親切にする一方で、心のどこかに自らも親切にされるべきという思いがあるのでしょう。傍からすると意外なところで、「なぜわからないの？」と苦虫を噛んでいることが。配慮されたい。意図を汲んで欲しい……という、期待や依頼心が原因です。そんな気持ちを自分自身で認めてあげて。それだけで心が軽くなるはず。

天秤座的

うまくいかない時のお手本星座

まねすべきは

♈牡羊座!!

何も考えずに、まず飛び出す その潔さと迷いのなさ

こうしようと思ったら、臆することなく真っ先に行動していく牡羊座は、周りに合わせて考えを変えてしまったり、迷って足踏みすることはありません。自分で決めたことに向かって突き進んでいきます。相手に合わせたい天秤座に欠けている強さを備えています。

　周囲に足並みを揃えるばかりでは、新しい挑戦ができません。牡羊座のようなワンマンさを時には奮い立たせましょう。意志を貫くことで、自分の人生が拓かれていきます。

この星座はこんな存在！

♐射手座
人生の道に迷っている時に、次に行くべき場所を教えてくれます。

♌獅子座
心の元気を失いそうな時に、パワーを注いで助けてくれるでしょう。

♑山羊座
失敗したくない時に、現実的な助言やサポートをしてくれる人です。

♍乙女座
うっかり油断しがちな時に、脇を固めてサポートしてくれる存在。

♉牡牛座
美的感性を確かめたい時に、本物志向からの意見をもらえます。

♒水瓶座
人に話しにくいことがある時、クールに受けとめてくれるでしょう。

♎天秤座
スムーズに事を運びたい時に、過不足なく助け合えるパートナー。

♊双子座
気分をリフレッシュしたい時に、楽しい時間を共有できる相手です。

♓魚　座
言葉にできない思いを察して欲しい時に、空気を読んでくれます。

♏蠍　座
目を背けたい現実に直面した時、丸ごと受け入れ支えてくれる人。

♋蟹　座
感情をぶつけられて困った時に、その意味を教えてくれる存在。

蠍座

SCORPIO

10/24~11/22

DATA

二区分▸▸陰
四元素▸▸水
三区分▸▸不動宮
守護星▸▸冥王星

蠍座の象徴ワード

勇《ゆう》往《おう》邁《まい》進《しん》

決めたことをとことん突き詰めるために、
集中して真剣勝負する蠍座

蠍座の

基本性格

まずは蠍座の
基本性格を知りましょう。
12星座の中で
どんな性質と魅力を持って
生まれているのでしょうか？

清濁併せ呑むからこそ味わうことができる生きている実感

しだいに世界から色がなくなっていき、落ち着いたトーンになっていく時期。蠍座は生まれた季節のイメージ通り、どこか落ち着いていてミステリアスな雰囲気を持ちます。

動植物が眠りにつく時期であることから、蠍座は死に向かう運命すら受け入れているようなところがあります。その度量の深さが、蠍座の一番の特徴と言えるでしょう。

「どんなものでも受け入れる」というのは蠍座らしい一面です。きれいなこと、耳障りのいいことだけでは物足りないのです。おとぎ話の「幸せになりました」というエンディングの「その後」にこそ興味があるのが蠍座だと言えるかもしれません。

仕事に関しても、人間関係に関しても、いつでも真剣勝負で中途半端を許さない、蠍座の特徴を一言でいうなら**「勇《ゆう》往《おう》邁《まい》進《しん》」**。その分、やりすぎて自分の命を危険にさらすこともあるはずです。特に恋愛面では生死をかけた展開になりやすいでしょう。

でも手を抜くことなく、とことんまでやるからこそ生々しい「生きている」という実感を得られます。これこそが蠍座の求めるもの。生きること、その重さと手応えを味わいたいと願っているのです。

蠍座の魅力 1

どんなことでも「待つ」ことができる時間感覚

蠍座は他の人とは異なる時間感覚を持っています。例えば、好きな人が振り向いてくれるまで数年待ち続けるなんてざら。数十年前のことを昨日のように感じていたりもします。これは仕事でも言えること。成果が出るまでひたすら続けるような研究職や一人前になるまで何年もかかる職人など、ノウハウを習得するまでの時間をも待つことができます。

「待つ」ことができるのが、蠍座の特殊能力。実現を焦らない分、一生もののスペシャルな何かを手に入れることができるのです。

蠍座の魅力 2

1つのことを思い続けることができる

蠍座は、持久戦を得意とします。気持ちがブレたり、途中で諦めたりすることなく、同じテンションを維持することができます。しかも寝食を忘れるほどの没頭ぶり。1つの趣味を一生かけて楽しむ傾向があるでしょう。

感情が長時間、持続しやすいのも特徴で、恩も恨みも同じくらいずっと覚えているでしょう。そのため他の人からは執念深いと言われることもありますが、結果的に勝利や念願のものを手に入れるところまでたどり着けるのですから、立派な長所と言えるでしょう。

蠍座の魅力 3

負の感情をエネルギーに変えられる

蠍座は感情によって物事を判断しますが、特にポジティブな感情よりも、一般的にネガティブと言われる感情、例えば、嫉妬や独占欲、執念、劣等感、憎しみといったものが原動力になることが多いかもしれません。それくらい深刻なほうが命がけで向き合うパワーが湧いてくるのです。

また負の感情は、愛情へも変化します。嫌いと思っているうちに相手にぞっこんになってしまうことも。その結果、人生で必ず一回は恋愛ドラマのような劇的な展開を体験することになるでしょう。

たくさんの魅力があるからこそ、自分のダメなところや
嫌いなところが目についてしまうもの。
ここでは蠍座の行動パターンをジャンルごとに解説。
そして短所を長所にするための
行動や考え方をお教えします。

人生全般では

執念深いと言われることの多い蠍座は、確かにものを忘れません。こだわりのあること、恨みつらみ、悲しみを感じた出来事も。ただし、誤解を招きやすいのが喜びや歓喜の瞬間もちゃんと覚えているということ。憎らしい出来事だけ根に持っているわけではなく、印象深い出来事はすべて記憶しており、それを自由自在に思い出して反芻したり、人と共有する時間が多いというだけ。人生に起きた出来事を鮮やかに記憶することができる、素晴らしい脳の持ち主なのです。

ネガ
昔の出来事をいつまでも忘れられない……

ポジ
いいことも悪いことも鮮やかに記録できる素晴らしい記憶力

恋では

蠍座の恋は真剣そのもの。むしろ真剣を通り越し、深刻とさえ言えるでしょう。デートをして楽しかった、浮気をされてムカついたなんて日常レベルでは済みません。想像を超えたドラマがつきもので、相手も覚悟する必要があります。
愛を諦めない蠍座は、愛が憎しみに変わっても執念で追い続けるでしょう。その重すぎる愛に自分自身、戸惑うこともあるかもしれませんが、受けとめてくれる相手さえいれば、誰よりも濃厚な体験をすることができるのです。

ネガ
1人に執着し「重い」と言われることもしばしば……

ポジ
真剣だからこそ1人を追い続ける。決して諦めない恋

仕事では

すべてにおいて真剣勝負の蠍座は、仕事においても同様。ただし始めるまでの腰が重く、やる気のゾーンに入るまでの時間が長いのが特徴。準備と称してダラダラしてしまうかも。「もっとスパッと切り替えられたらいいのに」と思うかもしれませんが、あなたはそれでOK。いったん、ゾーンに入ってしまえばこっちのもの。信じられないほどの集中力で打ち込みます。そのクオリティの高さに信頼を寄せられているので、あなたはそのやり方のままでいいのです。

ネガ エンジンがかかるまで普通の人よりもかなり時間を要する

ポジ エンジンが温まれば普通の人以上の速度が出るので問題なし

人間関係では

あらゆる他人に、心を開くのにかなりの時間を要するのが蠍座です。この人は信用できるのか、自分を攻撃してこないかなど、いろいろと憶測をしてしまうのです。その結果、友人の数が少ないことがコンプレックスかもしれません。

でもあなたは不特定多数の人と当たり障りのない世間話をしたいわけではないはずです。信頼のおける限られた人と、より深い語らいをしたい、人生をかけて関わりたいと望むならば、今の自分の人づき合いに自信を持ちましょう。

ネガ 疑り深く、なかなか他人に心を開けない

ポジ 慎重に相手を選ぶからこそ、深い話ができる

その他

どんなことにも真剣勝負で挑むのが蠍座のスタンスです。そのため自分の手の内を明かすことを好みません。また水面下でつながっている人も多いので、SNSなどで個人情報がバレてしまうのを警戒し、容易に連絡先を交換しません。秘密主義な一面は、相手に近寄りがたさを感じさせることも。

でもこれからの時代、一度出てしまった情報を取り消すのは至難の業。「自分の情報は限定公開の方針」と割り切って今のポリシーを貫けばむしろスッキリ。

ネガ 警戒心が強く連絡先の交換をすることができない

ポジ 用心深いからこそ個人情報が安易に漏れることがない

いつも目標に向けて一心不乱に突き進んでいる蠍座。
でも時には、自分の中にあるネガティブな感情を
見て見ぬふりしていることも。
弱気になると、どんどん物事がうまくいかなくなって
自己評価は下がり、ますます落ち込んでしまう……悪循環です。
自分の「落ち込みサイン」を知って、早めに気持ちを切り替えて。

集中して打ち込むから失敗した時に深く長く落ち込む

思い込んだらそれ一筋！　蠍座は、恋愛、仕事や勉強、趣味、対人関係など、ジャンルを問わずに落ち込んでしまうことがあるでしょう。そう言われても嬉しくないかもしれませんが、何か1つのことに集中して打ち込むと、そのことだけが頭と心の100％を占めるようになります。そのため、自分が力を入れていることがうまくいかなくなると、人生の終わりを感じるくらいの大打撃を受けて落ち込んでしまうのです。それは下降するジェットコースターのようなドラマチックな落ち込み具合です。さらにそのことを何度も頭の中で反芻するうちに、傷跡を自ら深くしていくこともあるでしょう。

恋愛、仕事、人間関係……オールマイティに落ち込める蠍座。その対象に真剣に向き合っていればいるほど、失敗したり、尽くしてきた相手に裏切られた時に、ひどく落ち込み放心状態になってしまうことも。直感力も高いので、人の心にも敏感に反応します。

物事が原因なら、別の目標が見つかれば立ち直れますが、対人での落ち込みはかなり引きずる傾向が。ずっと忘れられない元恋人がいたり、憎しみや恨みの念を燃やし続けてしまうこともあるでしょう。過去にとらわれやすいところも蠍座の特徴です。

落ち込みサイン

※Lv1⇒Lv5に近づくほど深く落ち込んでいる可能性が。まずは自覚して！

Lv1 ふとした瞬間に物思いにふける

問題ないと思っていても何となく気がかりなことがあると、蠍座はそのことを忘れることができません。考えないようにしようと思うほど気になってしまうので、思いきって向き合い、答えを出してしまったほうがいいでしょう。モヤモヤとしたまま放置しないこと。

Lv2 考えると眠れず、日中のあくびが増えていく

Lv1の状態が深刻化してくると、蠍座の場合は睡眠に悪影響が出てきます。考える時と考えるのを止める時のメリハリをつけて。様々な情報が入ってきて、悩みの種を増やしてしまうことにつながるスマホは、寝る前には手放すようにしましょう。

Lv3 「何もかも○○のせいだ」と恨みを燃やすようになる

スイッチが入ってしまうと、蠍座は恨みの方向へと進みます。ただし恨みはかなりのパワーを消費するので、せっかくの底力を無駄使いしてしまうことに。恨みの感情が湧いたら、相手について考えることに使うのではなく、自分が取り組んでいることのために使いましょう。

Lv4 「忘れなければ」と思いながら、そのことばかり考えてしまう

蠍座は執着が強いので、そもそも忘れようとすることが間違いかもしれません。起きてしまったことは戻らない過去。それでも忘れたいことは言葉にしたり考えるのを控え、やりたいことに集中し、予定を入れて忙しく過ごしましょう。自然と考える回数が減っていくはず。

Lv5 体調を崩したり、腰痛に悩まされる

ストレスが重なってくると、腰にトラブルが起きやすいのが蠍座の特徴。出かけなくなり、自分の殻に引きこもるように。こういう時はマッサージを受けるなど外側からアプローチするのがおすすめ。身体のメンテナンスを行うことで、心にも光が差し込みます。

誰にでもある、うまくいかない日。
心が重くなってきたそんな時は、
ここに書かれた言葉を口にしてみて。
自分に言い聞かせてみたり、
現状を変える一言だったり。
きっと幸運を呼び寄せ、
好循環が生まれるでしょう。

蠍座的 心を救う7つの言葉

1 それはどういうことですか？

優れた直感力と分析力が備わる蠍座です。おかしいなと感じたり、矛盾に気づいた時はスルーせず、確認してみるといいでしょう。相手の盲点に気づかせてあげられる一方で、相手の悪巧みを阻止することもできるというスゴ技を発揮し、周囲からも感謝されるはず。

2 終わりのないことはありませんから！

つらくハードな仕事でも、忍耐強くやり遂げてしまう蠍座ですが、周囲の人は腰が引けていることも多いでしょう。必ず終わりが訪れることを強調し、皆を鼓舞しながら、達成へと導いて。あなたの素晴らしさと頼りがいに誰もが気づくことになるでしょう。

3 欲しいものは、死んでも諦めない

やりたいことは必ずやりたいし、欲しいものは手に入れたい。それが蠍座です。一度、狙いを定めたら最後、それを自分のものにするまで手を放しません。これからの人生で、そう思えるものにいくつ出会えるか。それによって心の充実度が決まるでしょう。

4 自分を信じて譲れないから頑固。それの何が悪い？

決めたことに情熱を注いで、じっくりと向き合う蠍座です。「これ」というものを1つ見つけて魂を込めていければ、知らずのうちにその道を究めているでしょう。周りに振り回されない頑なさも強みになります。必要な頑固さは持ち続けていきましょう！

5 私の底力を甘く見ないで欲しい

我慢強く耐え抜くパワフルな蠍座は、極限の窮地に追い込まれた時ほど、自分でも驚くような底力を発揮します。むしろ逆境になるほど燃えるところもあるでしょう。「必ずやり遂げる」という情熱の炎さえ消えなければ、とんでもないミラクルを起こせるのが蠍座なのです。

6 いったん、まったく無関係なことをしてみよう

決意していたことでも、気分の浮き沈みで心が揺らいだり、迷いが生じることはよくあることですが、蠍座はそれが苦手。どうしていいかがわからなくなり、何もできなくなるでしょう。そんな時は、ドラマを一気に鑑賞するなど、関係のないことに集中してみて。

7 人生長いから、スランプもあって当然！

絶対にやり遂げようという意気込みで、真剣勝負に挑む蠍座。でも事がうまく運ばなくなると「まさかこんなはずは……」とショックを受けます。思うように進まない時があっても当然。あなたの得意な、成功までの「待ち」時間と考えて楽しみましょう。

蠍座的

うまくいかない時のお手本星座

まね すべきは

♉ 牡牛座!!

心身をいたわりながら自分に優しく生きていく姿勢

見て、聞いて、嗅いで、味わって、触れていった五感で感じる心地良さを追い求める牡牛座は、身体で感じることを通じて、自らの価値観を形成しています。

それに対して、蠍座は何かに集中すると寝食を忘れて取り組み、自分の身体が悲鳴を上げていても気づけないことも。うまくいかない時は牡牛座のように、まず自分の心地良さを追求してみるといいでしょう。この他にも、牡牛座のスローペースなところもお手本に。

この星座はこんな存在！

♐ 射手座
気分が滅入って後ろ向きになった時、希望を示してくれるでしょう。

♌ 獅子座
自分がわからなくなった時、厳しい指摘で目を覚ましてくれます。

♑ 山羊座
失敗したくなくて守りに入った時に、盲点に気づかせてくれる人。

♍ 乙女座
居直って投げ出したい時、建設的なアプローチで助けてくれるはず。

♈ 牡羊座
心新たにはじめの一歩を踏み出したい時、道を拓いてくれます。

♒ 水瓶座
趣味や趣向を評価されたい時、すんなりリスペクトしてくれるはず。

♎ 天秤座
胸の内を打ち明けたい時、うなずきながらしっかり聞いてくれる人。

♊ 双子座
異なる感性で視野を広げたい時、軽やかな空気を運んでくれます。

♓ 魚　座
気持ちを吐露したい時に、すべてを受け入れて共感してくれます。

♏ 蠍　座
話したくない時に、黙っていても気持ちや状況を察してくれるはず。

♋ 蟹　座
不安を感じた時に、自然に理解を示して安心させてくれるでしょう。

射手座

SAGITTARIUS

11/23~12/21

DATA

二区分 ▸▸ 陽

四元素 ▸▸ 火

三区分 ▸▸ 柔軟宮

守護星 ▸▸ 木星

射手座の象徴ワード

進《しん》取《しゅ》果《か》敢《かん》

過去を悔いず、結果を恐れず、
ただ目標に向かい続ける射手座

射手座の
基本性格

まずは射手座の
基本性格を知りましょう。
12星座の中で
どんな性質と魅力を持って
生まれているのでしょうか？

困難な状況でも諦めずに明るいビジョンを描ける楽観的で大らかな人

年の瀬に向かい、どんな人の心にも解放感と明るい気持ちが湧き上がるシーズンに生まれたのが射手座です。そのため、どんな状況であろうともポジティブで、明るく目標に向かっていこうとします。まさに**「進取果敢《しんしゅかかん》」**な精神の持ち主である射手座は、決して何かを諦めることはありません。何事もまずは明るい未来のビジョンを思い描くことができなければ、それを実現させることはできないのです。どこか大ざっぱでいい加減というイメージで語られることの多い射手座ですが、どんな困難な状況にあろうとも「この先は必ず良くなる」という直感を抱ける星座とも言えます。

また射手座のシンボルは半人半馬のケンタウロスで、哲学を好む知的な思想家の顔と、野生的で本能的な動物の行動力をあわせ持っています。人によって、どちらかの面がよりクローズアップされていることが多いのですが、深くつき合うほどにその印象が逆転するという不思議な魅力を秘めています。

精神と肉体という本来、相反するものを従えながらも、矛盾を感じさせないどころか、その2つを両立させようとするところに射手座の大らかさと大胆不敵さが感じられます。スケールの大きな星座です。

射手座の魅力 1

興味の対象を一心不乱に追いかける

射手の名の通り、矢で射るために獲物を追うのは、射手座の宿命です。追いかけるものは様々で、夢を追う、気になる人を追う、趣味の対象を追うなど、ターゲットが定まれば、脇目も振らずにそれを追いかけます。悩みの答えを追う、生きる意味を追う、未来を追うといった哲学的なものも含まれるでしょう。

とにかく何かを追っている過程こそが、射手座が生きている意味を実感できる瞬間なのです。それは悩むことすらも喜びに変える才能があるということでもあります。

射手座の魅力 2

何にも縛られず自由がままに可能性を広げる

射手座が興味と情熱を向ける矛先は、次々と入れ替わります。基本的に束縛を嫌い、身も心も自由でいることを望んでいるため、1つの対象に長時間、固執したくないのです。それが「熱しやすく冷めやすい」という印象にもつながるのでしょう。

大らかで細かいことを気にしない人と思われがちですが、そもそも現実の細かいルールや決まりで射手座を縛ることはできません。何にも縛られることなく、限界まで自分の可能性を広げていけるのが、射手座の魅力なのです。

射手座の魅力 3

不思議と運を味方につける幸運の持ち主

射手座は、その時々の直感に基づいた判断をします。そのため時に周囲がびっくりするような大胆な行動をとることがあるでしょう。既定路線の人生を歩みたくないという気持ちも強いので、急に転職したり、海外に移住するといった決断をすることも。こうした大博打を打つ場面が、人生で何度か巡ってくるのが射手座の宿命と言えるでしょう。

でも、損得ではなく「やってみたい」という心の声に基づく決断なら、不思議とうまくいくのが、射手座のすごいところです。

たくさんの魅力があるからこそ、自分のダメなところや
嫌いなところが目についてしまうもの。
ここでは射手座の行動パターンをジャンルごとに解説。
そして短所を長所にするための
行動や考え方をお教えします。

人生全般では

楽観的なイメージの強い射手座ですが、意外と気持ちの波が大きいのが特徴。サバイバルを乗り切って有頂天になったかと思うと、ちょっとしたことにつまずいて自信を喪失したり、たくましいと思ったら涙もろかったり。自分自身、その波に飲まれてどうしたらいいかわからなくなることも。

とはいえ、射手座には単純明快な野生の顔と突如見せるセンシティブな顔の2つがあるのです。それをあらかじめ知っておき、「どちらも自分」と楽しんでみて。

ネガ
気持ちのムラが大きくてコントロールできない

ポジ
自分には2つの顔があることを知って両方を楽しむ

恋では

意外と恋に落ちづらいのが射手座です。見知らぬ土地に1人で出向く習性があるため、人間関係の敷居が低く、初対面の人にも臆することなく話かけることができます。しかし誰に対してもフランクな分、特別な存在を見つけづらく、一目惚れなどでなければ、「恋人がいないまま早○年」となりがち。

とはいえ、どんな人とでも友達になれる才能があるのは素晴らしいこと。「人としての信頼をきちんと育める人間なのだ」ということに自信を持ちましょう。

ネガ
どんな人に対してもフランクだけど恋愛ムードになりづらい

ポジ
まずは友人になり、人としての信頼関係を育める

仕事では

射手座はどんな仕事でも、相応の手応えを求めます。やったことに対する確かな感触があれば、やりがいを見出して、のめり込んでいくでしょう。ところが、それを感じられないと一気にやる気を失い、途中で投げ出したくなります。

でもそれはあなたが本気で仕事をしている証。世の中には「とにかく時間内にやればOK」という人も大勢います。手応えを求める＝クオリティを意識しているあなたは、ただの「作業者」ではなく「創作者」なのです。

ネガ：手応えが得られないとすぐに投げ出したり諦めたくなる

ポジ：本気で取り組むからこそ相応の手応えを求めているだけ

人間関係では

面倒を嫌う射手座は、シンプルに生きています。必要なことには向き合いますが、どうでもいいと思うことは放り出したり、忘れてしまうようです。そんな自分はいい加減だと落ち込むかもしれませんが、実は素晴らしい才能です。

悩みだと思っていたけれど、よく考えるとどうでもいい話だったということが度々あるはず。考えてもどうしようもないことはすぐに手放せるその切り替えの早さは、他の星座の人がまねしたくてもできない特技なのです。

ネガ：不必要なことはすぐに忘れてしまうからいい加減だと思われる

ポジ：考えても無駄なことにうじうじと悩まずすぐに切り替えられる

その他

目標を見つけると、そこに向かって走っていきたい射手座。「目標に向かうこと」しか頭になく、計画に関しては、動き出してみてから考えます。

大ざっぱで雑という言い方もできますが、事前に計画を立てて「できるだろうか」など、余計な心配をしない分、ポジティブに動けるのです。何にもとらわれていないからこそ、野性的なたくましさや思いきりの良さを発揮できるのでしょう。自分を解放できる状況作りがポイントになります。

ネガ：計画性がなく大ざっぱで見切り発車ばかり

ポジ：先入観がない。だからこそ思いきり自由に動けるいつも楽観的で「何とかなる」が口癖の射手座。
でもすべてに絶望したり、
「何もかも嫌だ」と思ってしまう日があるもの。
弱気になると、どんどん物事がうまくいかなくなって
自己評価は下がり、ますます落ち込んでしまう……悪循環です。
自分の「落ち込みサイン」を知って、早めに気持ちを切り替えて。

立ち直りが早いものの無自覚にたまっていくストレスを早めにケア

人知れず落ち込んでは、立ち直ることを繰り返しているのが射手座です。そんな射手座がもっとも落ち込むのは、大失敗したり、大事なものを諦めるしかない状況に見舞われた時。またチャレンジを禁じられたり、自由を制限された時も落胆や息苦しさを覚えるはず。

そうしたことが続くと、まずはいろいろな約束や締め切りを守れなくなるなど、ルーズな態度が目立つようになります。普段から細かいことを気にしない射手座にとってはよくあることですが、それが本人の意図しない形で起きているなら要注意。大らかなはずの射手座が感情的に声を荒げるような場面も出てくるでしょう。

そもそも何かに挑戦している人に落胆はつきもので、落ち込む結果になっても、引きずる必要はありません。射手座はいい意味で忘れっぽさが武器となり、何度落ち込んでも、粘り強く繰り返し挑戦するのです。射手座には、決して諦めることのないヒーローのような不死身感があります。

射手座は過ぎたことは引きずらないので、憂うつな気分は長引きません。しかし知らず知らずのうちにたまったストレスの影響で、ある日突然、引っ越しや転職をするような衝動的行動に出ることがあります。

落ち込みサイン

※Lv1⇒Lv5に近づくほど深く落ち込んでいる可能性が。まずは自覚して！

Lv1 「まあいいか」と思うことが増える

「まあいいか」は、ストレスを軽減させる呪文です。とはいえ、それがやたらと増えるということは、それだけつらい状況になっているか、楽をしたくていい加減になっているかのどちらか。自分がどういうつもりでこの言葉を使っているか、振り返ってみて。

Lv2 頼み事に振り回され自分のことができなくなる

自己管理ができなくなってきているサイン。これがひどくなると、じわじわ元気を失い無気力に。スケジュールを整理して、優先順位をつけていきましょう。仕事も遊びの誘いも、予定が詰まっているなら、どんなにおもしろそうでも「今はちょっと無理」と断るようにして。

Lv3 約束に遅れることが増えていく

約束を守れないのは、そもそもの計画に無理があるか、自身がパワーダウンして予定をこなせなくなっているかのいずれか。前者は大ぶろしきを広げがちな射手座によくあることですが、後者なら、休みを取るのが急務。1日でいいので、何もしない日を過ごしてみましょう。

Lv4 物事を大袈裟にとらえ一喜一憂してしまう

失敗してはドーンと落ち込み、誰かに怒ったかと思えば、異常なほどはしゃいでみたり……。喜怒哀楽の起伏が激しくなっているのは、冷静さを失っている証拠。こういう時は映画や小説などの主人公に自分を投影し、疑似的に感情を大きく動かしてみるのがおすすめです。

Lv5 気分のアップダウンを制御できなくなる

朝起きた時の重く暗い気持ちを1日中払しょくできなかったり、感情的になる頻度が増えているなら、かなり重症化しているサイン。思いきって旅行に行きましょう。射手座は旅と縁が深いため、半ば強制的に日常を離れることで心が落ち着いてきます。

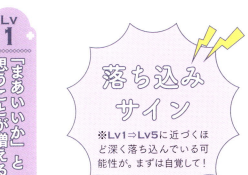

誰にでもある、うまくいかない日。
心が重くなってきたそんな時は、
ここに書かれた言葉を口にしてみて。
自分に言い聞かせてみたり、
現状を変える一言だったり。
きっと幸運を呼び寄せ、
好循環が生まれるでしょう。

射手座的 心を救う7つの言葉

1 試してみるだけならいいですよ

冒険家気質の射手座は、チャレンジ精神にあふれています。「それは無理！」「難しい」と思うことでも、挑戦したい気持ちがあるでしょう。人から何らかの挑戦を持ちかけられたら、成功を保証するわけではないことを示しておけると、失敗した時も心の負担が軽くなるはず。

2 これ、私のやり方でやってもいい？

やりたいことならいくらでも頑張れる射手座は、やりたくないことや、まねしたくない手法を押しつけられるのが苦手。自由に学びながら楽しめるスタンスで取り組むのが、射手座の成功の秘訣になります。自分のやり方の確立を目指していきましょう！

3 終わったら休暇をいただきます

やる気に満ちて取り組んだことなら、自らに過剰な労働を強いるところがある射手座。気合いでやれば大丈夫という謎の自負があり、自身に無理を強いていくでしょう。もうヘロヘロでダメというところまで行ってしまいがちなので、強制的に休暇をとれるようにしておいて！

4 どんな人とも、絶対に打ち解けられる

旅行好きの射手座だからこその能力なのかもしれません。見ず知らずの人に道を聞いたり、はじめて会った人とも楽しさを一緒に味わってしまうような感覚があります。年齢も性別も問わず、どんな相手とでもフランクに会話を楽しめるのは、あなたならではの才能です。

5 ちょっと散歩してこよう

嫌なことは寝て忘れる射手座ですが、面倒なことに巻き込まれたり、忘れたでは済まされない状況に直面した場合、思考停止して逃げようとしてしまうことも。こんな時は寄り道したり、ちょっと散歩に出るなどの気分転換で頭をスイッチするのがおすすめです。

6 自分だったらどう考えるだろう？

自分なりに物事を考えることを好む射手座。教科書に載っていることや、人の言っていることを鵜呑みにするのではなく「自分だったらどう考える？」とオリジナルの表現を模索します。そうして独自の人生哲学を作っていくことが、射手座の生きる意味なのです。

7 ここまでやったら〇〇する！

射手座が苦手なのは、単調な繰り返しの作業。やる気になれればいいですが、そうもいかずに注意散漫になるでしょう。ミスが増えることで、どんどん気持ちが滅入ってしまうことも。「ここまでやったら〇〇する」といった目標を設けるとうまくいくように！

射手座的

うまくいかない時のお手本星座

まねすべきは

♊双子座!!

異なる2つのものを結びつける発想のジャンプ力

興味のあることに飛びついていく双子座。気になることに意識を向けながらも、常に新しい情報を見つけに行くため、一見、無関係に思える事柄を結びつけて、おもしろいものを生み出すのが得意。このセンスはぜひまねをして。新しい哲学が生まれるでしょう。

また、新しいツールや情報への順応性の高さもお手本になります。ガジェットの使いこなし方などをまねすると、一気に生活のクオリティがアップするでしょう。

この星座はこんな存在！

♐射手座
気楽にいたい時、いつでも無理なく楽しめてリラックスできる存在。

♌獅子座
本音をぶつけたい時に、安心して話せて共感してもらえます。

♑山羊座
プランを練る時に、具体的に必要なものを指し示してくれる人です。

♍乙女座
細やかさが求められた時、丁寧でまじめな仕事を見せてくれる人。

♈牡羊座
やる気を出したい時、ライバルとしての存在感で刺激をくれます。

♒水瓶座
どんな時も前向きな発想で心を元気にし、活力を与えてくれます。

♎天秤座
交友関係を広げたい時、人の輪の中に引き入れてくれるきっかけに。

♉牡牛座
じっくり取り組む時、慌てないように心を落ち着けてくれます。

♓魚　座
夢を語りたい時、気持ちを１つにして聞いてくれるでしょう。

♏蠍　座
あと一歩で挫折しそうな時、ピンチから救ってくれるのはこの人。

♋蟹　座
気持ちを鼓舞して欲しい時、思いを汲んで励ましてくれる人。

♑

山羊座

CAPRICORN

12/22~1/19

DATA

二区分 ▸▸ 陰
四元素 ▸▸ 地
三区分 ▸▸ 活動宮
守護星 ▸▸ 土星

山羊座の象徴ワード

深《しん》謀《ぼう》遠《えん》慮《りょ》

目先のことにとらわれず、
先を見通し、現実的に行動する山羊座

山羊座の
基本性格

**まずは山羊座の
基本性格を知りましょう。
12星座の中で
どんな性質と魅力を持って
生まれているのでしょうか？**

計画を立てて行動し　きちんと結果を出す　有言実行の人

　世界が冬に閉ざされ、食物が取れなくなる時期。緻密に計画を立てなければ飢え死にしてしまうシーズンを象徴する山羊座は、長期的なプランニングを得意とします。ゴール地点から日々何をすべきかを割り出し、深く物事を考えて着実に行動に移す**「深謀遠慮《しんぼうえんりょ》」**な人と言えるでしょう。

　それも人生には寿命という制限時間があり、人間は死に向かって進んでいるということを意識せずにはいられないため。「人生には限りがあるのだから、時間を有効に使わなければ」という強迫観念があるのです。そのため確実性の高いもの、現実の自分の幸せに寄与してくれるものを優先します。地位やお金はその最たるもの。とはいえ仕事一辺倒というわけではなく、趣味も人生の充実に必要であればきちんと予定に組み込みます。人間関係は利害があるほうが得意で、感情的なつながりはあまり求めません。それもいずれ失うことを恐れてのことでしょう。

　この社会において山羊座が果たしている役割は大きく、いつしか組織やコミュニティの頂点に立っていることが多いでしょう。また「終わりがあるからこそ、最後まで美しく」という思いが強いのも山羊座。独自の美意識を持つ星座なのです。

山羊座の魅力 1 長い目で見て課題をクリアする力

山羊座は、人よりも大きな物差しを持っていて、時間感覚が長いのが特徴です。普通の人が1日、もしくは数ヵ月から1年スパンでスケジュールを立てているところで、山羊座は10年、もしくは人生100年を見据えた計画を立てるのが上手です。「○歳までに○円貯める」といった自分を追い込む目標の立て方も得意で、確実に実現していくでしょう。

山羊座は人生の時間を1秒も無駄にすることがありません。そうして人生を味わい尽くし、確かな実績を残すことができるのです。

山羊座の魅力 2 仕事も趣味もきっちりこなす抜群の計画性

山羊座は12星座で一番の働き者です。気づけば四六時中仕事のことを考えているワーカーホリックな一面も。そもそも暇な時間ができるのが苦手で、プライベートの時間も、趣味や何かしらの予定をびっしり入れて計画的に楽しんでいるでしょう。

その裏には「社会に認められた人間でありたい」という動機があります。父、母、部長、先生……社会的な肩書やポジションはあればあるほど満足できるでしょう。それだけ人生が充実している証だからです。

山羊座の魅力 3 ストイックに任務を果たす責任感

山羊座は自分の感情に左右されることはほとんどありません。あくまでも事実に即した判断をします。人生に不確定な要素を入れたがらないため、何事にもエビデンスを求めるでしょう。その結果、目標の達成度が高いのです。

また「きちんとしなければ」という思いも強く、課された責任は必ず果たします。誰かに頼ることはあまりなく、苦境に立たされたとしても自力で何とかしようとするでしょう。そんな山羊座が社会で確固たる地位を築くのは当然のことなのです。

たくさんの魅力があるからこそ、自分のダメなところや
嫌いなところが目についてしまうもの。
ここでは山羊座の行動パターンをジャンルごとに解説。
そして短所を長所にするための
行動や考え方をお教えします。

人生全般では

人生設計から仕事の進め方まで、何をするにしても事前に計画を立てて、その通りに進めていこうとする山羊座。そんな自分の生き方をがんじがらめで遊びがない、つまらない人生と思うことがあるかもしれません。でも、山羊座にとって生きることは「計画」そのもの。あなたが作ったライフプランは目標を叶えるための最短ルートです。それを遵守することが悪いことのはずがありません。組んだ予定を守り、確実に目標を実現していけばいいのです。

ネガ
自分で組んだ計画や予定に縛られてつまらない人生

ポジ
目標に向かって最短ルートを突き進む確実な人生設計

恋では

人柄が大事とわかっていながらも、外見や年齢、学歴、職業、年収など、いわゆる条件が気になってGOサインが出せない山羊座。そんな自分を打算的な人間だと思っているかもしれません。でも、そこまで自分の求めるものを具体化できるのはすごいこと。実は奥手で、何でも相談できる信頼関係を大事にしている山羊座なので、末永く関係を続けたいという誠実さゆえの細かい条件でもあるのでしょう。相手探しの目星がついているところが山羊座の強みです。

ネガ
人柄よりも条件重視。打算的な考えで恋人ができない

ポジ
先を見据えた交際を考えているからこそ相手の条件を気にする

仕事では

基本的に仕事人間の山羊座ですが、実は人とタッグを組むのが苦手。相手のできないところが目についてしまい「これなら自分でやったほうが早い」という発想に。そして結果的に仕事を抱え込み「これであの人と同じ給料だなんて」と落ち込むことも。まずは1人で仕事を完結できる力量を備えている自分を褒めましょう。その力量があれば、作業量や報酬など、不平等と感じる部分を是正したり、チームの采配を任される地位まで上り詰めることができるはず。

ネガ 自ら仕事を抱えたのに周囲の人と比べて評価されずに落ち込む

ポジ 抱えた仕事を1人でこなせる力量があれば自ずと評価は上がる

人間関係では

「いい人だからOK」とはいかないのが山羊座の人間関係。いい人でも、だらしがなかったり、定職についていなかったり、いざという時に自分にメリットがない人などには、内心「使えないな」と思っていることがあります。そんな冷酷さに自己嫌悪を覚えることも。でもそれはあなたが冷静に相手の資質を見抜けているということでもあります。それぞれの人のいい部分を伸ばすようなことを言ってあげれば、相手からも感謝されてお互いの才能を生かし合えるはず。

ネガ 使えるか使えないかで人を判断してしまっている

ポジ 感情に惑わされず相手の資質を冷静に見抜く目を持っている

その他

何でも事務的に処理できる冷静な山羊座に見えますが、実は重度の心配性です。綿密に計画を練るうちに気づいてしまったリスクや、万が一のケースなどが浮かんでくると、心配が連鎖して懸念材料ばかりが浮かんでしまうのです。

でも、ミスや不足に気づいたならそれに備えればいいのです。何度もイメージの上で検証できるからこそ、あなたの計画は間違いがなく確実なのでしょう。不安を感じたら「今、自分は計画を盤石にしているのだ」と考えればOK。

ネガ 万が一を考えると心配事が尽きず考えが止まらない

ポジ シミュレーションを何度も繰り返すから不測に備えられる

いつも現実的で、すべきことを着々と進めている山羊座。
でも周りが嫌になったり、
自己嫌悪に陥ったりすることはあるもの。
弱気になると、どんどん物事がうまくいかなくなって
自己評価は下がり、ますます落ち込んでしまう……悪循環です。
自分の「落ち込みサイン」を知って、早めに気持ちを切り替えて。

労力や時間が「無駄になる」ことで激しく落ち込む

普段から何かしらの目標のために行動しているのが山羊座です。短期、長期に関わらず、やらなくてはいけない「仕事」を見つけては、それをこなし続けているでしょう。

それは生業に限ったことではありません。プライベートでも、人と会うことでも、すべてが山羊座にとっての「仕事」なのです。スケジュールをいっぱいに詰め込みますが、予定や期待していたことがいきなりなくなったり、頑張っていたことが一段落したり、頓挫してしまった時に、ここまでの労力を思い「いったい何だったのか」と落ち込むでしょう。

つまり、目的を失った時に落ち込んでしまうのです。特にやってきたことが無駄になることは大打撃で、自己嫌悪に陥ることもあるでしょう。終わってしまうことの寂しさから、気力を失ってしまうこともあるようです。かけた時間や労力、お金などのコストが大きければ大きいほどにダメージがふくらむでしょう。

しばらく何もする気になれないこともありますが、次の目標を見つけてうまくシフトできれば、意外と早く立ち直ります。「落ち込んでいるのは合理的ではない」という冷静な判断ができるのが山羊座でもあるのです。

落ち込みサイン

※Lv1⇒Lv5に近づくほど深く落ち込んでいる可能性が。まずは自覚して！

Lv1 うっかりミスが目立つようになる

ちょっとしたミスは良しとしても、それが重なって目立つようになる時は、「最近はちょっと詰め込みすぎているかも」という自覚があるはず。大事になる前に翌日の予定を少し減らして余裕を作りましょう。そして夜はしっかり就寝することです。

Lv2 些細なことにカチンときてしまう

列に横入りされた、おかずが1つ少なかったなど、悩みとは無関係な場面でカチンときてしまうのは、心の余裕がかなりなくなっている証拠。冷静な判断もできなくなりがちに。イラッとした瞬間、大きく深呼吸を。緑豊かな公園に行って神経をリラックスさせるのも◎。

Lv3 「使えない」という表現を使いがちに

役に立たないと思うことや相手をけなしたくなる時に「使えない」という表現を使いがち。それはその対象を「利用する道具」としか見ていない証拠で、それだけ追い込まれているということ。いったん気持ちをゆるめる必要があります。笑う頻度を増やす方法を考えてみて。

Lv4 焦ってうかつな行動をして自己嫌悪

「急がなくては」という焦りは、山羊座の判断を誤らせます。計画にない行動をして失敗してしまったり、クオリティの低い仕上がりになってしまったり。ここまでせっかく計画的に進めてきたはずなのにもったいないことです。「急いては事を仕損じる」と心に留めて。

Lv5 考え事が頭を離れず睡眠が浅くなる

責任感の強い山羊座ゆえ、考え事をし始めると止まりません。考えなければならないことが多くなればなるほど、睡眠時間が削られていくでしょう。強制的に悩みから離れる時間を作って。マッサージなどで凝り固まっていた身体をほぐすと、思考も柔軟性を取り戻せるはず。

誰にでもある、うまくいかない日。
心が重くなってきたそんな時は、
ここに書かれた言葉を口にしてみて。
自分に言い聞かせてみたり、
現状を変える一言だったり。
きっと幸運を呼び寄せ、
好循環が生まれるでしょう。

山羊座的 心を救う7つの言葉

1 落ち着いて整理してみよう

どんな時でも冷静でいられる山羊座は、混乱したりパニックになっている状況を整理して考えるのが上手。それもそのはず、山羊座は現実的です。今は何が必要なのかを考えて、合理的に判断していきます。困難に見舞われた時に誰よりも頼りになる存在と言えるでしょう。

2 ではこの辺で失礼します

人とワイワイしていると、自分のペースを乱されがちな山羊座。やるべきことをしっかりこなすには、1人になって集中するのがベスト。そんな時にはぜひこの台詞を。作業を持ち帰ってしまうのも1つの方法です。ただし残業を増やしすぎないように注意して！

3 今日も準備万端&用意周到な私！

短期か長期かにかかわらず、実行可能な計画をきっちり立てられる山羊座。時間や期間の配分もうまく、目標実現に向けて何が必要になるかを具体的にシミュレーションするでしょう。困難や問題点からも目を反らさず、不測の事態への備えも忘れません。そんな完璧なあなたに自信を持ちましょう。

4 どんな時でも自分だけは信じられる！

物事や人を、むやみに信じられない慎重な山羊座。唯一信じられるのは当事者である「自分だけ」と思うところがあるようです。疑いは寂しさや孤独を招きますが、それだけ冷めた物の見方があるからこそ、妨害に負けることなく目標に向かえるのでしょう。

5 千里の道も足下より始まる

どんなに大きな計画でも最初に踏み出す大切さを知っているのがあなた。楽をして成せることはないと知っているのでしょう。だからこそストイックに自分を追い込みながらも、着実な歩みでゴールを目指し、目標を実現できるのです。

6 休憩や休日も立派な予定

山羊座はスケジュールマニアなところがあります。手帳に空欄を見つけると、思わず予定を入れたくなるよう。約束と約束の合間時間を最小限にした結果、忙しすぎて大変という状況を招くことも！休憩時間も予定の１つとして組み込み、心に余裕をもたせておきましょう。

7 想定外なことは新しい目標として考える

綿密な計画で目標を目指すのが山羊座スタイル。もしものトラブルへの備えにも余念がありません。ところが、番狂わせに見舞われると、一気に自信を失って負の想像をふくらませるように。問題を前に楽観的にはなれなくても、新たな目標として考えれば、克服するためのプランをうまく練れるはず。

山羊座的

うまくいかない時のお手本星座

まねすべきは

♋ 蟹座!!

損得ではなく「心」で人とつながることを恐れない

感受性が豊かで、喜怒哀楽を素直に表現していく蟹座。常にポーカーフェイスの山羊座とはある意味、正反対。感情を表すことは決して恥ずかしいことではなく、人と理解し合う一歩になるということを教えてもらえるはず。また蟹座の人づき合いを見習えば、合理性と計画性からはこぼれ落ちてしまう「人と触れあう喜び」を思い出すことができます。

損得で相手を縛らなくても協力してくれる仲間ができるということを学べるでしょう。

この星座はこんな存在!

♐ 射手座
夢に向かいたい時に、互いを励まし合って力を与えてくれる人。

♌ 獅子座
元気が欲しい、笑顔になりたい時に、そのきっかけをくれます。

♑ 山羊座
自らを向上させたい時に、いいライバルであり同志になれる存在。

♍ 乙女座
現実目線からのまじめな会話をしたい時、対等に語り合える存在。

♈ 牡羊座
頼れる味方が欲しい時に、快く引き受けて力を貸してくれる人。

♒ 水瓶座
思いきりドライに語り合いたい時、対等に議論してくれる相手。

♎ 天秤座
自棄になった時に道を正して、いつものあなたに戻してくれます。

♉ 牡牛座
忙しさを感じた時に、気持ちを落ち着けて安心させてくれます。

♓ 魚　座
不安や悩みを聞いてくれて、思考の整理に一役買ってくれます。

♏ 蠍　座
真剣に考えている時、その思いに共感し、リスペクトしてくれます。

♊ 双子座
自信が必要だと思った時に、「うまくいくよ」と勇気をくれる人。

水瓶座
AQUARIUS

1/20~2/18

DATA

二区分▸▸陽　四元素▸▸風
三区分▸▸不動宮　守護星▸▸天王星

水瓶座の象徴ワード

有《う》為《い》転《てん》変《ぺん》

諸行無常の世を見据え、
未来に向かって変化の流れに乗る水瓶座

水瓶座の基本性格

まずは水瓶座の
基本性格を知りましょう。
12星座の中で
どんな性質と魅力を持って
生まれているのでしょうか？

クールな視点で自分、世界、宇宙を見るバリアフリーな感性

12星座の中でもかなりの個性派と言われているのが水瓶座です。常識なら1＋1＝2になるところを、まったく別の答えを導き出してしまうようなところがあります。じっくり考えて咀嚼したものを、自分なりに組み上げた結果、どこにもないオリジナルなものを作り出すのです。

　また人づき合いの傾向も特殊で、どんな人に対しても同じ熱量で接します。見ず知らずの人に対しても家族と同じような親しさを見せ、年齢、性別、肩書などの属性をすべて取り払って「人間」として見るような視点を持ち合わせている星座と言えるでしょう。

　それゆえどこか中性的なムードが漂います。LGBTQや、どんな愛の形も当たり前のように受け入れますし、あらゆる差別を許しません。

　地球に生まれた人間として必要な博愛の精神を生まれつき持ち合わせており、誰に対しても平等に接する、バリアフリーな感性の持ち主なのです。

　そんな水瓶座を象徴するキーワードは**「有為転変《ういてんぺん》」**。すべてのものは変わりゆくと達観している水瓶座は、自分の恋愛や人間関係よりも、人類や地球の進化に興味があるはず。物事を宇宙規模で考えられる水瓶座は、これからの時代のキーマンなのです。

水瓶座の魅力 1
既存のルールをひっくり返して新時代を作る

「これはこうあるべき」という今ある常識やルールが、人間の幸せに寄与しないのであれば、それを取り払おうとするのが水瓶座です。古い従来の勢力からすれば破壊者ですが、新時代の視点で見れば革命家です。何にも規定されない自由な発想ができるので、新しいビジネスを考えるのも得意でしょう。

ただしその分、水瓶座の人生にはどんでん返しがつきもの。それを乗りこなすだけの胆力を持って生まれてきているのが水瓶座なのですから、どんな試練にも負けることはありません。

水瓶座の魅力 2
揺るぎなく自分の意志を貫き通す

揺るぎない自分軸を持っている水瓶座は、人に言われて意見を曲げることはまずありません。表面的には相手の話を聞いたふりをしても最終的に自分の意志を貫くでしょう。それゆえ集団からはみ出してしまうことも多く「変人」「空気が読めない人」などと言われることもありますが、気にしなくていいのです。

とはいえ決してプライドが高いわけではなく、相手の意見に道理を感じれば受け入れる合理性も備えています。他人の個性も認める広い心の持ち主です。

水瓶座の魅力 3
常識に縛られずアイディアを生み出せる

水瓶座はどんな時も情報や理論に即した判断をすることができます。あらゆる情報から一定の距離をとって俯瞰して眺める視点を持っているため、先入観を抱いたり、何かに過剰に肩入れすることはありません。むしろ「それは本当か?」といったん疑ってかかるなど、とてもシニカル。普通の人とは異なる思考回路で動いているため理解不能と思われがちですが、それは時代が追いついていないだけ。いつでも先進的なアイディアは水瓶座から生まれるのです。そのことに自信を持ってください。

たくさんの魅力があるからこそ、自分のダメなところや
嫌いなところが目についてしまうもの。
ここでは水瓶座の行動パターンをジャンルごとに解説。
そして短所を長所にするための
行動や考え方をお教えします。

人生全般では

気のいい水瓶座は、見ず知らずの人にもサッと手を差し伸べます。協力的で親切なので、人の輪にも迎え入れてもらえますが「皆で一緒に」という、ごく普通の触れあいが苦手。そんな自分は冷たいのではないかと思うことも。

でもあなたの場合はそれでいいのです。皆の中に入っても浸食されることのない個性が水瓶座にはあります。だからこそ、べたべた「協調」しなくても、大事な場面で「協力」し合えればいい。そんな風に考えてみてください。

ネガ
皆と足並みを
揃えることができず
浮いてしまう

ポジ
自分の個性を大事に
必要な時だけ
協力できればいい

恋では

憧れがないわけではないけれど、本当に恋がしたいのかを問われると口ごもりがちの水瓶座。性別を意識しない水瓶座にとって、男女の友情が恋愛とどう違うのかもわからないでしょう。皆と同じように恋愛感覚を持てないことがコンプレックスかもしれません。でもそれは、男女の恋愛に縛られることなく、あらゆる属性を超えて「人」としての関係を築き、信頼を深めていきたいという気持ちゆえ。あなたは自分らしい恋愛の形を体現していくのでしょう。

ネガ
恋愛が苦手。
正直、恋とは何かが
よくわかっていない

ポジ
恋愛関係に縛られず
1人の人間として
信頼関係を築いている

仕事では

仕事そのものより、それを取り巻くルールに息苦しさを覚える水瓶座。この仕事はこのやり方で、この書類は必ず紙で出してもらわないとダメなど、前時代的な枠に押し込められそうになると反発し、異端児扱いされることに……。

あなたが反発するのは、そこで「もっといいやり方がある」と気づいてしまうから。それは素晴らしい能力です。今は難しくても時代的にこれからはあなたに分があります。主張が通る状況を待ちましょう。そう遠くない未来です。

ネガ 会社の枠やルールにハマることができず、異端の存在に

ポジ 今よりもっといいやり方を見つける才能がある！

人間関係では

人生においてなぜかクセのある人、問題を抱えている人に縁があるような気がしているかもしれません。それはあなたが偏見を抱かず、どんな人にも接することができるという特技があるから。ポツンと1人でいる人にも声をかけたり、距離をとられている人とちゃんと会話したり、年齢や性別などあらゆる属性を越えて人づき合いができるのは水瓶座の稀有な力。いっそのこと、厄介な人を煙たがるのではなく、攻略して友達になるところまでいってみては？

ネガ なぜか厄介な人と縁ができやすく関わることが多い

ポジ 偏見を持たずにどんな人が相手でも平等に接する

その他

進めていたことが失敗しそうになったり、誰かとの関係が終わりそうな気配を見せ始めると、急にすべてを破壊しようとするでしょう。寝食を忘れて没頭していたさまからは考えられないくらいの態度の豹変ぶりです。

でもそれも「これ以上時間をかけても無駄」という合理的な判断が働いているから。ダメなものに追いすがって時間や労力を浪費するよりよほど賢い判断。まるで台風一過のような清々しさで、方向転換できるのは立派な才能です。

ネガ 急にすべてをぶち壊したい衝動に駆られてしまう

ポジ 無駄だと思ったことを潔く切り捨てるべきと合理的に判断している

いつも冷静沈着で、合理的に判断して生きている水瓶座。
でも時に取り乱したり、
すべてを抜け出したい衝動に駆られることはあるもの。
弱気になると、どんどん物事がうまくいかなくなって
自己評価は下がり、ますます落ち込んでしまう……悪循環です。
自分の「落ち込みサイン」を知って、早めに気持ちを切り替えて。

合理性がなかったり個性を否定されると怒りへと変わっていく

個性的な水瓶座は、人から「変わっていますね」と言われることには慣れています。しかし、その個性を認めてもらえず、その他大勢と同じような行動をとるよう強制されるとひどくやる気をなくします。「誰もわかってくれる人がいない」と、居場所を失ったように感じるでしょう。

さらにわけのわからない規則や決まり事を押しつけられると、怒りにも似た感情を覚え、すべてを放り出したい気分に。それが意味あるものならまだいいのですが、形骸化したルール、古い時代の常識、時代錯誤なシステムなど、効率を著しく下げるようなものに囲まれると、息が詰まって逃げ出したいと感じるのです。

投げやりになった時には、感情を封印してアンドロイドになったかのようにやり過ごそうとする場合、そしてゼロか１００かですべて切り捨てるような極端な行動に出る場合の2パターンがあるようです。今、自分がどちらに偏っているか、客観的に見るクセをつけるといいでしょう。

周りを気にせず、自分のままに進む水瓶座は、基本的には落ち込みにくいタイプですが、落ち込んだ時はやり場のない憤りを感じ、関係者のみならず、世の中を恨むこともありそうです。

落ち込みサイン

※Lv1⇒Lv5に近づくほど深く落ち込んでいる可能性が。まずは自覚して！

Lv1 言い返そうとして言葉を飲み込む

まだ自制心で発言をコントロールできている段階ですが、これが度重なると危険！　爆発へのカウントダウンが始まります。ちょっと頻繁になってきたと思ったら、いったん人と距離を置くようにしましょう。思考の転換を図るには、普段縁のないジャンルの映像を見るのが吉。

Lv2 「仕方がない」とすべてを放り出そうとする

情を切り離すことで物事を達観できるのは水瓶座の強みですが、その力を乱用して、他人に頼まれたことまで「仕方がない」と放り出すのはただの怠慢。人への「申し訳ない」と思う気持ちを失えば、周囲に誰もいなくなってしまうでしょう。どうするのがベストか考えて。

Lv3 感情を捨てたかのように冷酷な態度をとる

冷酷になっているようでいて、実は自分の感情を手放したいだけ。感情のスイッチを切れば、どんなことでも受け入れられると考えるからでしょう。感情から逃げるのではなく、本当の意味で落ち着きましょう。地球上の大きな問題と比べれば、些細なことのはず。

Lv4 築いたものを自分で壊そうとする

苦労して取り繕うくらいなら、まっさらから始めよう……刷新好きの水瓶座は、真剣に取り組んでいたことで面倒なことが起きると、こうした気持ちになるようです。しかし、時間は戻りません。極端な発想で片をつけず、一度落ち着いてからどうするのが賢いかを考えましょう。

Lv5 まったく別のことに逃避し始める

落ち込みが激しくなると、すべきことがあるのに「他にもっと大事なことがあるはず」と誤った方向に意識を向けがち。仕事から目を背けて恋愛に走るなどもそう。映画を観るなどもっと手軽な現実逃避で気分転換しましょう。そうすればもう一度、そのテーマに取り組めるはず。

水瓶座的
心を救う7つの言葉

誰にでもある、うまくいかない日。
心が重くなってきたそんな時は、
ここに書かれた言葉を口にしてみて。
自分に言い聞かせてみたり、
現状を変える一言だったり。
きっと幸運を呼び寄せ、
好循環が生まれるでしょう。

1 それ、新しいですね！

水瓶座のユニークな感性にかかれば、NGはありません。そんな話は聞いたこともない、常識的に考えておかしいということでも、「新しい！」「おもしろい！」と受けとめる寛容さがあり、その発言が相手を勇気づけていることもあるようです。

2 いつか時代が私に追いつく

独自の目線で物事や人に向き合う水瓶座は、奇抜な発想で斬新なアイディアを打ち出します。しかし、それが「素晴らしい」と評価されることは珍しく、たいていの場合は先走りすぎていて、誰もついて来られないことが多いでしょう。とはいえ時代の流れで変わっていく風潮もあるので、虎視眈々と機会を待って。

3 これが自分の「普通」！

水瓶座なら「普通って何ですか？」と真顔で問いたいと思ったことが必ずあるはず。幼少期から「変わっている」と言われ、普通になることを諦めているところもあるでしょう。とはいえ、水瓶座的には普通にしているだけなので、これからはもう弁明する必要はありません。

4 「知らない」は自分に伸びしろがある証

知らないことを知る、それが水瓶座の生きがいです。未知のことを取り入れて、自分の考えや価値観がどんどん変化していくことが喜びでしょう。知ったかぶりをするのはやめて、いつまでも「知らない」と言える素直さを大切に。

5 どんな相手でもそれは同じ「人」！

個々人の個性を尊重したい水瓶座は、男女の性の違いや趣向はもちろん、年齢や立場、職業や学歴などの色眼鏡で相手を見ることはなく、誰に対しても「人」として接しようとします。そのバリアフリーマインドはこれからの時代に必要なもの。ぜひその普及役を買って出てください。

6 理解者はただ1人いればいい

偏屈と言われる水瓶座には、「わかってくれる人がわかってくれていればいい」という、こだわりの名店の店主のようなポリシーがあり、それを曲げるのを嫌います。良き理解者が1人でもいてくれれば、理解のない相手を気にしない強かさが身につくでしょう。

7 人はそれぞれ。私は私、人は人

個性的と言われる水瓶座ですが、水瓶座から見た他の人も、皆それぞれが個性的な存在に映っているでしょう。人は誰もが、個々にユニークさを持つ唯一無二の存在。つまり、変わっているのは水瓶座だけではなく、他の星座も皆が独自の個性を持っているのです。水瓶座はこの言葉を広めるのが使命です。

水瓶座的

うまくいかない時のお手本星座

まねすべきは

♌獅子座!!

自分らしさを表現しながら生きることを楽しむ姿勢

子どものように喜びを表現しながら、生きる自分を輝かせる獅子座は、他者の心に光を灯していきます。陽気でポジティブな獅子座のエネルギーは、たくさんの人に喜びを与えるでしょう。どんな状況であろうと楽しみや希望を見出せるピュアな獅子座です。

冷めた水瓶座は極論に走り、破壊的な言動で場を壊すことがありますが、そんな時に獅子座の朗らかさで人に勇気を与えられれば、周りの反応も変わってくるでしょう。

この星座はこんな存在！

♐射手座
物事を諦めようとする時、可能性とやる気を与えてくれます。

♋蟹　座
相手の気持ちになって考えたい時に、いいヒントを与えてくれます。

♑山羊座
世間や社会を意識して動きたい時、社会人目線の助言をくれます。

♍乙女座
問題を整理しきれない時、適切な判断で交通整理をしてくれます。

♈牡羊座
面倒や失敗を抱えている時に、理解を示して元気をくれます。

♒水瓶座
ふと思い出した時に、気兼ねせずに相談したり会話を楽しめる関係。

♎天秤座
どんな時でも、いつもの調子で会話して相談し合える貴重な存在。

♉牡牛座
言葉にならない思いがある時、そのカギに気づかせてくれるはず。

♓魚　座
極端な発想で暴走しがちな時に、クッションになってくれる存在。

♏蠍　座
人間の複雑な思いを理解できない時、ひもとくヒントをくれる人。

♊双子座
周囲の人の動向や流行など、旬の話題を知りたい時の強い味方に。

♓

魚座

PISCES

2/19~3/20

DATA

二区分 ▶▶ 陰
三区分 ▶▶ 柔軟宮
四元素 ▶▶ 水
守護星 ▶▶ 海王星

魚座の象徴ワード

天《てん》空《くう》海《かい》闊《かつ》

すべてを受け入れる大らかさで、
わだかまりを持たない魚座

魚座の
基本性格

まずは魚座の
基本性格を知りましょう。
12星座の中で
どんな性質と魅力を持って
生まれているのでしょうか？

現実には弱くても イメージを思い描き 「形ないもの」を扱う

魚座は海と深い縁を持ちます。生きとし生ける物に恵みを与える優しい海。その反面、海難ですべてを飲み込む荒々しさも持っています。魚座もまた、たおやかな優しさで人に寄り添う一方、相手の負の感情まで併せ呑み、それも含めて同化し、共有するような不思議な一面があります。まさに**「天空海《てんくうかい》闊《かつ》」**な心の持ち主です。

魚座は12星座の最後に位置し、物事を終わらせる役割の星座。人が死んで次に生まれ変わる境界線の象徴です。人生という物語を終わらせる存在ゆえか、自分から何かを終わらせたり、決着をつけることが苦手です。相手任せにしたり、なあなあにしてお茶を濁すことも多いかもしれません。でもすべてに白黒つけなければいけない社会に息苦しさを感じている人からすれば、魚座の曖昧さは救いであり、心に余裕を与えてくれるものでもあるのです。

計算、契約、駆け引き、任務の遂行……この社会を現実的に生き抜くための諸作業をやや苦手とする魚座ですが、それは別の能力に秀でている証拠。形のないものやイメージを思い描いたり、それを表現する能力は12星座で一番。これからスピリチュアルなものが当たり前になる時代が来た時に、先導役を担うのは間違いなく魚座なのです。

魚座の魅力 1
どんな相手も受け入れて寄り添う力

相手の言うことをすべて受け入れ、同化していくのが魚座。それはある意味、相手のことを究極的に信じているということなのかもしれません。特にそばにいる人の感情に感化され、自分の気持ちのように感じてしまうことが多々。

その力がうまく発揮されると、本来、他人には完全には共有してもらえない思いでも、魚座はその壁をすり抜けて寄り添ってあげることができます。それゆえ「魚座といると癒やされる」と言われるのでしょう。心の傷や苦しみを緩和するホスピス的な存在です。

魚座の魅力 2
目に見えない世界を表現するアーティスト

魚座はこの世界の仕組みは科学では説明できないと知っています。もともと虫の知らせやシンクロニシティと言った不思議なことを体験しやすく、目に見えない世界のほうに現実味を感じることもあるでしょう。

ある意味、現実と非現実のボーダーを超える力があるということです。魚座はそれを音楽や絵、ダンスなど何らかの形で表現する能力に秀でています。それによって人々に感動や重要なメッセージを届ける使命を持って生まれた、生粋のアーティストなのです。

魚座の魅力 3
感情に忠実で人の幸せを心から喜べる

魚座の判断基準は「心の動き」です。何かに誘われて「嫌だな」と思ったら、どんなに口では「行く行く！」と言っていても、体調を崩すなどして実際に行けなくなるくらい、感情に忠実なのです。

その分、「好き」と感じた人にはとことんついていきます。魚座は基本的に自分よりも相手が喜んでくれることを望み、それを優先したいと願う星座です。大切に思う相手の喜びを自分のことのように感じるでしょう。その心優しさは何よりの魅力。あなたの周りに人が集まってくるゆえんです。

たくさんの魅力があるからこそ、自分のダメなところや
嫌いなところが目についてしまうもの。
ここでは魚座の行動パターンをジャンルごとに解説。
そして短所を長所にするための
行動や考え方をお教えします。

人生全般では

人当たりのやわらかい魚座は、自分の意見を伝えるのが苦手。人に流されるばかりで主体性のない人間のように感じられることもあるのでは？　でもそれはどこに行ってもすぐになじむことができるという素晴らしい能力。「うんうん」「そうかも」という心地いい相づちで協調性を示していくうち、皆があなたを仲間と認識。つまりあなたは、地球上のどんなところにでも自分の居場所を作れる才能があるということ。その力でたくさんの人を癒やしていきましょう。

ネガ　自分を強く主張するのが苦手。「自分がない」みたい

ポジ　人に合わせられる協調性があるからどんな場所にもなじむ

恋では

人を好きになると、その人とその人を取り囲む世界しか見えなくなるのが魚座。外見や趣味、つき合う人まで、恋人が好むように変えてしまうでしょう。そんな恋の仕方を「自分がない」と揶揄されたり、恋人同士は対等であるべきという風潮に違和感を抱くこともあったかもしれません。でもあなたが求めているのはよくある恋愛ではありません。恋人と１００％融合し、すべてを捧げる恋愛。そこまでの境地でなければ体験できない愛があると知っているのです。

ネガ　恋をすると相手の影響を受けすぎて自分を見失う

ポジ　相手と心を１つにしすべてを捧げられる恋愛をしている

仕事では

心の動きにコンディションが左右されやすいのが魚座です。「皆も働いているからやらなければ」と、与えられた作業をこなしていても、本当はあまり頑張りたくないのが本心。でもそれはあなたがすべき仕事ではないだけ。あなたの場合、本当にやりたい仕事になるとガラッと態度が変わります。心から楽しみながら作業するうち、眠っていた才能がどんどん開花していくでしょう。それにふさわしい仕事と巡り会えれば、自ずと態度も心も変わるので心配いりません。

ネガ 仕事に身が入らない。できれば働かずに生きていきたい

ポジ 今はまだ本当にすべき仕事に巡り会えていないだけ

人間関係では

自分の意見をハッキリ言うのが苦手な魚座は、相手に合意することがほとんど。反対の意見を伝えるのが難しく、強く押されると流されてしまう傾向があります。でもここまで人に合わせられるのは、それだけ相手を信じている証拠。騙されるリスクも気にしません。

でも中途半端に小賢しく立ち回るより、ここまで信じ切ったほうが、相手も騙そうという気にならないかもしれません。純粋な子どもが自分の可愛さで身を守るのと同じ手法です。

ネガ 自分の考えを言えず強く押されると人の意見に流されがち

ポジ 相手を信じているから意見を受け入れて合わせることができる

その他

他人の言葉だけでなく、仕草や表情、オーラや気配からも何かを受け取ってしまうのが魚座です。そのため何もしていないのに疲れたり、不安になったり、傷ついたり感覚を受けてしまうことも。そんな敏感な自分を持て余しているかもしれません。でもその能力はあなたが人と深く共感し合うためのものでもあります。時折、スイッチをオフにして休めつつも、人とわかり合うことを諦めないでください。傷つきやすさと繊細さ、優しさはつながっています。

ネガ 些細なことに動揺し、相手の感情に流されてしまう

ポジ 繊細だからこそ相手の気持ちを察して共感してあげられる

いつも人の心に優しく寄り添える魚座。
でもとうていそんな気になれず、
世界のすべてを恨みたくなる日もあるもの。
弱気になると、どんどん物事がうまくいかなくなって
自己評価は下がり、ますます落ち込んでしまう……悪循環です。
自分の「落ち込みサイン」を知って、早めに気持ちを切り替えて。

落ち込みの衝撃に耐えられない繊細な心の持ち主

人に共感する力が高い魚座は、他人のことも自分事として感じてしまう瞬間があります。それだけ真摯に相手を受け入れているということです。

ところが、その相手が魚座を裏切ったり、実は騙していた、約束を破ったといったことが起これば、ひどく意気消沈してしまうでしょう。ショック耐性が低いので、思わず涙が出てしまったり、手が震えて何もできなくなることもあるようです。

また相手の小さな反応も敏感にキャッチしてしまう繊細な感性の持ち主なので、言葉のちょっとしたニュアンスに深く傷ついたり、「嫌われたのかもしれない」などと思うことがあります。「自分がダメなんだ」とすべてを自分のせいにして落ち込むことも。

そのため、日々喜怒哀楽を感じ、落ち込んでは浮上し……を繰り返しているのが魚座。立ち直りは早いほうですが、またすぐに落ち込むという揺れやすさがあります。あまりにダメージが大きい時や、何度も繰り返されてしまうパターンがある時は、それがトラウマになってしまうことも。自分の繊細さを自覚して、つらかった出来事を何度も思い返したり反芻するのをやめる、こまめに不安を解消するなどのケアをしていきましょう。

落ち込みサイン

※Lv1⇒Lv5に近づくほど深く落ち込んでいる可能性が。まずは自覚して！

Lv1 好物をやたらと食べるようになる

好きなものを食べている時はハッピーに感じられますが、あまりに増えている時は要注意。その裏に「食べなきゃやってられない」という心理が隠れていることが多いからです。できれば食べ物ではなく、アロマや音楽など、身体に負荷をかけないストレス発散方法を選んで。

Lv2 周囲を巻き込んで「大変！」と騒ぎ、心配させてしまう

不安な出来事が起こると、1人で抱えきることができず、それを言葉にしたくなる魚座。その結果、周囲を巻き込んでしまいやすいところがあります。そして人に迷惑をかけた自分に自己嫌悪に陥るまでがセット。そういう時は、まずは落ち着くように意識して。

Lv3 ぐっすり眠れない日々が続くようになる

眠ってもすぐに目覚める、夢見が悪いなど、海王星を守護星に持つ魚座は、睡眠に影響が出やすい傾向があります。そこでお酒に頼りがちですが、良くない状況に拍車をかけてしまうだけ。できるだけ自力で就寝できるよう、寝床に入ったら、深い呼吸を繰り返して。

Lv4 すべてがどうでもよくなる

人に相談したり、愚痴を言えるくらいならまだ軽度。「もうどうにでもなればいい」という投げやりな気分になって、やけくその言動を取りやすいのが魚座。状況を泥沼化させる前に、いったん時間を置きましょう。昼寝をするのも名案。あなた自身をリフレッシュさせましょう。

Lv5 やらなくてはいけないことを先送りにしてしまう

終わっていないことが増えてくると「もう無理！」と、すべてが不可能に思えてきてパニックに陥りやすい魚座。こういう時は、頭を使わずにできる一番簡単なことから終わらせるようにして。そうして「手を動かせば終わる」ということがわかれば落ち着きを取り戻すはず。

誰にでもある、うまくいかない日。
心が重くなってきたそんな時は、
ここに書かれた言葉を口にしてみて。
自分に言い聞かせてみたり、
現状を変える一言だったり。
きっと幸運を呼び寄せ、
好循環が生まれるでしょう。

魚座的 心を救う7つの言葉

1 もしかしたら、この人はちょっと怪しい？

感受性が強く、一瞬ごとに様々なことを察知する魚座。それ自体はいいのですが、一度相手を信じ込むと疑うことを知らず、人から騙されたり、利用されてしまうことも。危険を察知する持ち前のセンサーは、常にアップデートして最新情報にしておくと安全です。

2 私は、十分に魅力的で才能にも恵まれています

人から「大丈夫！」と言われていないと、自分はダメだという気がしてくる魚座。でも何も言われないのは、おかしいところがなく大丈夫ということ！　不安になった時はこの言葉を自分にかけてあげて。そして負の考えに意識を向けず、自分の才能を伸ばすことに勤しみましょう。

3 傷つきやすいのは、アーティストとしてそれを表現するため

感性が豊かだからこそ成り立つ芸術の世界は、イマジネーションを広げていく魚座のためにあるのかもしれません。傷つきやすく繊細で、気分の波が不安定でもいいのです。アーティストが背負う十字架であると受け入れて、そんな自分を楽しみましょう！

5 一緒にどう？

1人になることが苦手な魚座は、誰かと行動をともにすることで心が救われるタイプ。1人ぼっちでいる寂しさを重く感じるでしょう。この言葉を自分からスムーズに言えるようにしておけば、人懐こい愛らしさを発揮できる上、不安や心配も減るはずです。

4 共感して相手のことを自分事として見る

共感力が高く、人の気持ちに寄り添う魚座は、相手と自分の感情の境界線を溶かしてしまうところがあります。嫌だったことが「OK」になったり、好きだったことが「NG」になるのはそのせいでしょう。それこそがあなたの魅力の最たるもの。もしも境界線をはっきりさせておきたい時は自分の気持ちを紙にしたためておくのがおすすめです。

7 自分で思考の舵を取って、現実に戻ろう

人の話を聞いているうちに想像の世界への旅が始まって、現実からどんどん乖離していくのが魚座の思考。このクセがあると現実社会、特に仕事面が成り立ちづらくなります。妄想が始まったと思ったら早めに舵を取り、現実に戻れるようにしましょう。

6 ごめんなさい！

断りたいと思っても「ノー」を言えない困った魚座。お茶を濁してやり過ごせるならいいですが、はっきりとお断りが必要なこともあります。そんな時は、「ごめんなさい」と最初に前置きをしてからお断りを！　悪いという気持ちを添えると断りやすくなります。

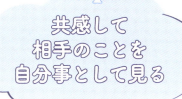

魚座的

うまくいかない時のお手本星座

まねすべきは

♍乙女座!!

場がつつがなく進むよう全方位に目配りをする力

周囲に目を配り、何が必要かを考えて行動する乙女座は、細やかな気遣いに定評があります。魚座と同じような繊細さを持つ人ですが、それを実際の行動に結びつけて、不安を解消していく力を持っています。そんな乙女座の振る舞いをまねすれば、あなた自身の心を穏やかに保つコツも見えてくるはず。

　またうっかりのミスが多い魚座ですが、乙女座の用意周到さを見習うことで、現実で直面するトラブルは格段に減るでしょう。

この星座はこんな存在！

♐射手座
サプライズを求めたい時、期待に応えてワクワクさせてくれます。

♋蟹　座
気持ちをわかって欲しい時、優しく受けとめ支えてくれる人。

♑山羊座
天然発言で場を凍らせた時、そっとフォローしてくれるでしょう。

♌獅子座
自信がない時に、ポジティブな発想で心をスイッチしてくれます。

♈牡羊座
どうしたらいいのか悩む時、頼ってみると道を示してくれます。

♒水瓶座
周りが気になって不安になった時、問題ないと思わせてくれます。

♎天秤座
親切に甘えてしまいたい時、すべてを任せておくと安心できる存在。

♉牡牛座
話したいことがある時、何でも気兼ねなく安心して話せる人。

♓魚　座
時間を忘れルーズに過ごしたい時、ボーッとつき合ってくれる人。

♏蠍　座
理解してもらえない時、少ない言葉ですんなりわかってくれる人。

♊双子座
人のことが気になった時、情報という安心材料をくれる存在。

第4章

運気を上げる1年の過ごし方

夜空に輝く12の星座たちは、季節のサイクルに合わせて
人々の行く末を照らし、より良いほうへ導いてくれます。
シーズンごとに適した行動を知り、幸運を引き寄せましょう。

幸運になるための過ごし方を知る

星座を意識することで運が良くなる

第1章（P.8）でお話ししたように、12星座は太陽の動きと連動しています。そして12星座と私たちの暮らしはリンクしており、非常に役立つ、日々の指標になってくれるのです。

例えば、牡羊座の時期は物事をスタートさせやすい時期。乙女座の季節には、夏の疲れを取ってコンディションの調整を行うといいでしょう。そして山羊座の季節は、新年の長期的な目標を立てるにふさわしいパワーが地球上に充満しています。

このように、今、太陽がどの星座の位置にあるのか。つまり今がどの星座のシーズンなのかによって、ふさわしい行動、運の上がる行動が変わってくるのです。そして、あらかじめそれを知っておけば、格段に運の流れに乗りやすくなるでしょう。

また、今がどの星座のシーズンなのかを把握し、その星座の特徴を理解しておくと、自分の中のその星座の性質を刺激できます。「12星座バランスシート」で獅子座の性質が弱かった人は、獅子座のシーズンに、その特徴をまねした行

動をとれば、苦手だった獅子座らしい自己表現に抵抗を感じにくくなるでしょう。さらに不思議とラッキーなことに恵まれやすくもなるのです。

「今、するといいこと」が見えてくる

こうしてシーズンごとの星座を意識することで、自分の中の12星座バランスを整えることができます。苦手だと思っていた相手や状況を克服できたり、自分の良さを意識してアピールすることもできるでしょう。

そこでここからは、各星座のシーズンに合わせて、運の波に乗るための方法を解説していきます。

〈運気的に〝旬〟の食べ物〉は、そのシーズンのパワーが詰まっています。〈大事にしたい人との縁〉〈幸運が訪れる予兆〉は、心に留めておくことでチャンスに気づきやすくなるでしょう。〈不運を感じた時の模様替え〉は、「ツイていない」と感じた時に、運の流れを変えるためにぜひ行いたい行動です。

また、1つの星座の時期でも前半・中盤・後半で流れるエネルギーが変わるので、その時々の過ごし方も解説します。これは万年暦のように毎年使えるので、季節が変わるたびにチェックし、運の波に乗っていってください。

牡羊座 SEASON《シーズン》 にするといいこと

3/21～4/19

自分から積極的に何かを始める

牡羊座の季節は、何かを始めるのに向いています。新しいことに限らず、今からスタートしたいならリトライも吉。その際、気持ちも新たに取り組むのがポイントです。イメチェンにも向きます。外見だけでなく行動パターンにも変化をつけると幸運な出来事を呼び込みやすくなるでしょう。

また何事も相手からされるのを待つのではなく、自分から動くように意識すること。誘われ待ちをせず自分から声をかけて。先頭に立つ役を買って出るのも幸運を呼びます。

この時期の過ごし方ポイント

前半
（3/21～3/31）
天気のいい日は外に出かけ、春の香りと色を楽しみましょう。

中盤
（4/1～4/10）
鳥や昆虫など、命の息吹を探してみると、やる気がみなぎります。

後半
（4/11～4/19）
雨上がりの空に虹がかかる季節です。装いもカラフルにすると吉。

大事にしたい 人との縁

クヨクヨと悩まず元気に動く人に注目！　人知れず浮き沈みしていることに気づき、自分と変わらないとわかるはず。弱音を吐かない明るさをまねてみましょう。

運気的に"旬"の 食べ物

レモンなどの酸味のある食べ物が気分のリフレッシュに最適。酸っぱい刺激がやる気促進に。酸味に含まれるクエン酸は眠気覚ましや疲労回復にも効果的。

不運を感じた時の 模様替え

玄関ポーチと玄関を掃除して美しく整頓。空気を入れ換えてきれいになった玄関に、お花を飾るのもおすすめです。いい巡り合わせが訪れるようになるでしょう。

幸運が訪れる 予兆

自分で考えて決断する気持ちになれた時、幸運への扉が開きます。人に頼らず決めることで、自らの運を動かすことができるように。失敗を恐れないで。

牡牛座 SEASON《シーズン》 にするといいこと

4/20~5/20

暮らしを守るため現実的な行動を

安定した日々を送ることを優先したい時期です。生活の基盤を整え、ルーティンをしっかり継続しましょう。

また目の前の現実に向き合う意識も重要です。夢ばかりを見ずに、日々を生きていくことの重要性を考えましょう。もし何らかの不安を感じることがあるなら、それを解消するための行動を始めるのにいい時です。将来に不安があるならお金を貯める、この先仕事を続けられるか不安があるなら実力を培うなど、着実にできることを始めてみて。

この時期の過ごし方ポイント

前半（4/20 ～ 4/30）

暖かくても氷入りの飲み物は避け、身体を冷やさないように。

中盤（5/1 ～ 5/10）

紫外線対策をしつつ、屋外に出て自然の気を取り入れて。

後半（5/11 ～ 5/20）

早寝早起きを心がけてみましょう。ご飯がおいしくなります。

大事にしたい 人との縁

ただひたすらに作業する人をマークしてみて。日々変わらずに続けることの大切さがわかるように。積み重ねの行いは、ほんの小さなことでいいのです。

運気的に“旬”の 食べ物

「何も変わらない」は、どこまでもまっすぐ伸びるアスパラガスの花言葉。ずっと変わらず成長し続けるアスパラガスを食べて、持久力と普遍性を身方につけて。

不運を感じた時の 模様替え

クローゼットやタンスなどを整頓。使い勝手のいい向きに置き換えるのもおすすめ。普段使いとしまっておくものを仕分けして使いやすくしましょう。

幸運が訪れる 予兆

物、感情、ご縁、スキルなど、形を問わず、何かを得た時が幸運の知らせ。それを大切にしていくうちに、予兆が確信に変わっていくでしょう。

双子座 SEASON
シーズン

にするといいこと

5/21〜6/21

軽やかに動き返信は早めにする

とにかくフットワーク軽く、まめに動きたい時期。レスポンスも早めを心がけると、幸運の波に乗りやすいでしょう。また最近、あまり会っていない人の顔がよぎったら、即座にご機嫌うかがいのメッセージを送るといい展開が。

この時期は気になることを見つけたらすかさず検索することを習慣にしてください。興味本位だとしても、それが入り口となってチャンスに結びつく可能性が高いでしょう。やりたいことはリストにしておくのもおすすめです。

この時期の過ごし方ポイント

前半（5/21〜5/31）
心躍る雨具をコーデに取り入れて、雨の日のお出かけの楽しみに！

中盤（6/1〜6/10）
衣替えで気分も入れ替え。去年より着こなせるか、腕の見せ所に。

後半（6/11〜6/21）
いつもと違う行動や選択をしてみると、新たな道が拓けるように。

大事にしたい 人との縁

話題豊富なおしゃべり上手と会話を。話し方や受け答えの仕方に発見があるはず。何気ない素振りで人を楽しませるスキルを磨き、人づき合いを広げましょう。

運気的に“旬”の 食べ物

爽やかな香りとスッとした味わいの大葉。薬味に添えるだけで上品な仕上がりに。人とのおしゃべりが楽しい時期なので、口臭予防にもなります。

不運を感じた時の 模様替え

窓周りをリフレッシュして。ガラスとサッシを磨き、カーテンをきれいにしたら、窓を開けて空気の入れ換えを。嬉しいニュースが舞い込みやすくなります。

幸運が訪れる 予兆

連絡をしようと思った相手からの連絡は幸運のサイン。思いが通じて、意図する方向に事が運んでいくでしょう。勢いや流れを止めずに動くことがポイントに！

蟹座 SEASON にするといいこと

シーズン

6/22~7/22

飾らない自分で過ごす時間を優先

素の自分で過ごすことを意識したい時です。実際に全裸もしくはすっぴんで過ごしてナチュラルな自分に還る感覚を思い出すといいでしょう。また背伸びをせずに等身大で、包み隠さない自分の内面を見せられる人と過ごす時間を大切にすると運が上がります。

日々の暮らしを充実させたい時でもあります。旅行や外食から帰宅しても、「家はいいな」と思えるような空間作りを目指して。「これをすると落ち着く」というルーティンを設けても。

この時期の過ごし方ポイント

前半（6/22～6/30）

自分への愛情を示してのんびりタイムを。スパもおすすめ。

中盤（7/1～7/12）

暑さに備えて基礎体力をアップ。身体を動かして心身を健やかに。

後半（7/13～7/22）

海岸散歩を。潮風で穢れを祓いましょう。海産物を食べるのも◎。

大事にしたい 人との縁

ハートフルな人に接してみて。困っている人を助けようという情にあふれる人の本当の強さがわかるように。相手を受けとめる勇気を知りましょう。

運気的に"旬"の 食べ物

栄養価の高いドジョウやウナギ、アナゴを食べて、スタミナアップで夏に備えて。長いものはご縁をつなぎ、人間関係を豊かにします。愛情運も高まるはず。

不運を感じた時の 模様替え

キッチンを片づけて使いやすくしましょう。お気に入りのアイテムに入れ替えるのも◎。食器を洗っているだけで心が弾むような、あなただけの特別空間に。

幸運が訪れる 予兆

人が喜ぶ顔を想像したら嬉しくなって、思わずにんまりしていた時が幸運の訪れの予感。誰かを喜ばせたい気持ちから愛が広がり、幸運が巻き起こるでしょう。

獅子座SEASON《シーズン》にするといいこと
7/23~8/22

普段よりも感情表現を豊かに

いつもより喜怒哀楽の感情を大きめかつドラマチックに表現すると、幸運に恵まれやすくなる時です。やりたいことがある時も熱意をもって相手を説得すれば「イエス」の返事がもらえるでしょう。決まりきった言葉ではなく、自分ならではの表現で伝えるように意識してみて。このほか、恋愛、仕事、趣味……好きなものをとことん追いかけるのに向く時期です。

また「自分はどんな人間なのか」を考えると答えが出やすい時でもあります。

この時期の過ごし方ポイント

前半（7/23～8/2）
浴衣や水着、虫除けなど、お気に入りの夏アイテムでご機嫌に！

中盤（8/3～8/12）
暑すぎる日は無理をせず、学びや趣味の時間を過ごしてみては？

後半（8/13～8/22）
心置きなく夏を謳歌！やり残しのないように思いきり楽しんで。

大事にしたい 人との縁
いつも笑顔でいる人に注目を。脳天気に思えても、実は浮き沈みがあり、その苦しみを見せないようにしていることがわかるはず。美学があるのです。

運気的に"旬"の 食べ物
暑さに負けないように、みずみずしい柑橘類をどうぞ。免疫力を高め、日焼けやシミ・そばかすの原因を抑える働きも。太陽のようなまぶしい笑顔で輝いて。

不運を感じた時の 模様替え
テレビやオーディオの周辺を整えましょう。いつでも人を招いて楽しめる状態にすることで、オープンな人間関係が生まれるように。明るい照明をつけるのも◎。

幸運が訪れる 予兆
思いきり楽しんだり、たくさん笑った日があったら、幸運の予感。笑いは悪しきものを遠ざけます。笑いたくなくても、笑顔を作るだけで開運に。

乙女座SEASON《シーズン》にするといいこと

8/23~9/22

仕事を抱え込まず休息もしっかりと

規則正しい生活をしたい時期です。食事、運動、休息など「身体にいいかどうか」を基準に判断するといいでしょう。仕事でもきっちり計画を立てて過ごしたい時です。タスクが可視化できていれば、どんなに忙しくても安心して過ごせるはずです。

また仕事がはかどる時ですが、責任を抱え込まないことを意識して。人に仕事を割り振ったり、時間や体力の配分に余裕を持たせるようにして、自分を追い込まないように心がけるといいでしょう。

この時期の過ごし方ポイント

前半（8/23～9/2）

家屋の手入れ、外出時の服装、体調管理など、万が一への備えを。

中盤（9/3～9/13）

虫の声を聞きながら夕暮れの散策。自然の音楽に癒やされて。

後半（9/14～9/22）

グルテンフリーの食材で健康的な美食を。体調が変わるかも。

大事にしたい 人との縁

自分のリズムで行動する人をチェック！　盛り上がっていても「帰ります」と帰り、しっかり日々の予定をこなすことは、自らの人生を大事にするのと同じ。

運気的に“旬”の 食べ物

夏から秋にかけての旨みを、茄子で楽しみましょう。「一富士二鷹三茄子」の富士は不死、鷹は高い、茄子は成すとされる縁起物。高貴な紫色を取り入れて。

不運を感じた時の 模様替え

机周りを中心に片づけて、きれいにお掃除して整えましょう。よく手にするものはアルコール入りのウェットティッシュで除菌を。悪い気が浄化されます。

幸運が訪れる 予兆

３日以上連続して早起きし、気持ちが良くて得した気分だと思えたら、幸運が近づいています。日々の行いの中で幸せを感じることで、幸運の感度が高まります。

天秤座SEASON《シーズン》にするといいこと

9/23~10/23

精神・肉体ともに美を意識して

「美」をテーマに過ごしたい時期です。立ち居振る舞いや身だしなみだけでなく、精神的な優雅さと潔さまで意識すると運に愛されるでしょう。美容にまつわる買い物も吉。

またマンツーマンの人間関係を大事にしましょう。恋愛、友情、家族、仕事仲間など大事な人と2人で会話する時間を設け、相手が喜ぶ言葉をかけてあげて。たとえお世辞であっても勇気づけられたり、救われたりすることがあるように、あなたもその言葉をプレゼントしてください。

この時期の過ごし方ポイント

前半（9/23～10/3）

コスモス、彼岸花、バラなどが咲く秋の花園を訪れ、心を潤して。

中盤（10/4～10/13）

澄みわたった秋の空を眺めていれば、人当たりもやわらかに。

後半（10/14～10/23）

ストレッチやヨガで心身を柔軟に。続ければ美しさもアップ！

大事にしたい 人との縁

人と人をつなげる人物を探して。紹介することでご縁がつながり、そこから広がる人間関係に気づくでしょう。囲い込んでいては、広がるものも広がりません。

運気的に"旬"の 食べ物

美しさや愛、知恵を象徴するリンゴを食べて魅力を高めましょう。好感度が上がり、いい出会いに恵まれ、人とのご縁からチャンスも巡ります。栄養価も抜群！

不運を感じた時の 模様替え

寝室をチェンジ。眠りが浅いなら、レイアウトを変えるのも◎。寝具に風を通し、シーツやカバーも交換しましょう。疲れがとれれば「憑かれ」もとれます。

幸運が訪れる 予兆

ファッションや持ち物を人から褒められたら幸運の予兆。褒められるのは、それがいいだけでなく、褒めてもいいと思われているから。味方が増えたということ！

蠍座 SEASON《シーズン》 にするといいこと

10/24〜11/22

一極集中してとことん取り組む

趣味、仕事、勉強など、1つのことに集中して取り組みたい時です。エネルギーを分散させないことがポイント。

人の思いを受けとめることも重要なテーマです。人の助言は素直に受け入れて。

あらゆる物事には、ダークサイドがあることを意識しましょう。本音や苦労、問題など、誰にでも人には言えない事情があることを前提につき合って。それでも乗り越えていこうと思える人に幸運が味方します。またこの時期は秘密厳守も心がけて。

この時期の過ごし方ポイント

前半（10/24〜11/2）
集中は大事でも執着はNG。時間を止めずに動かしていきましょう。

中盤（11/3〜11/12）
紅葉を眺めてうっとりと。秋の夜長のグランピングもおすすめ。

後半（11/13〜11/22）
寒さを感じたら、気の合う仲間で鍋を囲み、身も心も温まって。

大事にしたい 人との縁

やると決めたらとことんやるスタンスの人を意識して。半端ではないからこそ成し遂げられることがあるとわかるはず。真剣な取り組みのすごさを実感しましょう。

運気的に"旬"の 食べ物

真剣勝負で挑む蠍座のパワフルさを、滋養強壮効果があるヤマイモでチャージ！薬用として使用されていたヤマイモ特有の粘り強さも分けてもらえるはず。

不運を感じた時の 模様替え

トイレを快適に整えましょう。徹底的にお掃除したら、好きな香りの芳香剤を。換気扇のケアも忘れずに。外気とつながる箇所は、気を入れ替える大事な場所です。

幸運が訪れる 予兆

時間を忘れて物事に集中した時、幸運が訪れます。努力が報われて、頑張ったかいがあると思える日がやってきます。気を抜かず、この調子でいきましょう！

射手座 SEASON《シーズン》 にするといいこと

11/23~12/21

はじめてのものとの触れあいを楽しむ

自分と違うタイプの人に歩み寄る姿勢を持ちたい時。立場が変われば考え方も異なります。違いを見つめると、新しい発見があるでしょう。

またこの時期は海外ニュースを見るよう意識するのもおすすめ。世界で何が起きていて日本はどうしているのかを知ると、自分を見つめ直すきっかけになるでしょう。

この時期に、一番おすすめの行動は旅。行きたいところ、行ったことのないところに出かけ、そこでの出会いを楽しむと運が上がります。

この時期の過ごし方ポイント

前半（11/23～12/1）
命をつなぐ食に感謝。いただいた命に生かされる自分を意識して。

中盤（12/2～12/11）
ぽかぽかの日だまりがパワースポットに！活力をチャージして。

後半（12/12～12/21）
天気のいい日は大掃除。作業に勤しむほどに身体も温まります。

大事にしたい 人との縁

知らないことに関心を持って調べ、学びを深めていく人に注目。どんなテーマを前にしても、それを糧にしてしまう素晴らしさを目の当たりにするでしょう。

運気的に"旬"の 食べ物

欧州で薬に用いられていたセロリは、戦国時代の武将・加藤清正が日本に持ち込んだそう。鎮静作用で心を落ち着け、頭痛回復効果で学習もはかどるはず。

不運を感じた時の 模様替え

本棚を整頓して。不要なものは手放し、ジャンルごとにまとめるのも◎。積ん読本は、いつでも取り出せるよう整理を。思考が整理されて運気にもいい変化が。

幸運が訪れる 予兆

はじめてのことに挑戦する機会があると幸運の気配。新天地を訪れたり、初の食材を口にしたり、初対面の人と会話するチャンスがあるのもいい予兆です。

山羊座SEASON《シーズン》にするといいこと

12/22~1/19

過去の振り返りと未来の展望を

ここまでの1年を振り返るのにいい時期。進捗や成長具合に手応えを感じられれば、自己肯定感のアップにつながるでしょう。その上でこれからやりたいことや夢を具体的に書き出してみるのがおすすめです。目に見える形にすることで、それを叶えるための原動力が生まれます。

また疲れがたまりやすい時期でもあります。健康診断やマッサージ、整体などを受けて今の身体の状態を知り、メンテナンスを行うと運気がアップするでしょう。

この時期の過ごし方ポイント

前半（12/22～12/31）

年内のやり残しを整理し、悔いのないように新年に備えましょう。

中盤（1/1～1/9）

身も心も温かくして、英気を養って。マッサージを受けるのも◎。

後半（1/10～1/19）

1年の目標を具体的な計画に落とし込むと実現力がアップ。

大事にしたい 人との縁

地に足のついた考えを持つ現実的な人に注目してみて。背に腹は代えられないというリアルな現状を踏まえた行動は、打算ではなく、必然であることがわかります。

運気的に“旬”の 食べ物

「健康」を花言葉に持つホウレンソウを食べて、山羊座のストイックさを維持。心と身体が健康であれば、どんな境遇も乗り越え、自信につなげていけます。

不運を感じた時の 模様替え

家の中にある、あらゆる時計の周辺を整えて。電池が切れていたら入れ直し、時刻がずれていたら修正を。あらゆる計画がスムーズに進むようになります。

幸運が訪れる 予兆

大変だと思うことや避けたいことに取り組んでいたら、幸運への道筋が見えてきます。動くことで運も動き出し、苦手なことが片づけば幸先が良くなるでしょう。

水瓶座 SEASON シーズン にするといいこと

1/20~2/18

フラットな視点でどんな人にも親切に

どんな人にも分け隔てなく、親切に接するよう心がけたい時期です。きちんと挨拶をし、丁寧な言葉遣いや笑顔を、老若男女どんな人にも届けるように意識して。海外のことも自分事としてとらえ、国内外の気象&災害情報をチェック。地球がどうなっているかを知り、宇宙規模で考えるクセをつけると運が上がるでしょう。

さらにこの時期は見たことのない珍しいものを探すようアンテナを張っておくとおもしろい展開があります。物、人、生物など何でもOK。

この時期の過ごし方ポイント

前半（1/20 ～ 1/29）

1年で一番寒い時期。身体を温める食材で冷えを防ぎ、運を保って。

中盤（1/30 ～ 2/8）

厳しい寒さでも春隣。冬ならではの楽しみを味わい尽くして。

後半（2/9 ～ 2/18）

寒くても優雅に！ ヨガやマッサージでリンパの流れを整えて。

大事にしたい 人との縁

周囲を気にせずに自分らしさをまっとうする人に注目。自由でいいなと思えても、孤独と背中合わせであることがわかるはず。群れていては実現できない自由です。

運気的に“旬”の 食べ物

風邪予防に金柑を。「ん」が「運」に通じることから、運を重ねるという説もあります。花言葉は「感謝」で、水瓶座的な博愛精神を高めてくれるでしょう。

不運を感じた時の 模様替え

妥協で選んだ物を順番に排除して、自分のこだわりを活かして。誰かのためではなく、あなた自身のために自室を整えることで、違和感から解放されるはず。

幸運が訪れる 予兆

イエスかノーかで迷っている時に、まったく異なる別案が浮かんだら、幸運の兆し。豊かな発想で可能性を広げていく力が、幸せをより大きくするでしょう。

魚座 SEASON《シーズン》にするといいこと

2/19~3/20

物語を堪能して感情を豊かにする

　積極的にいろいろな物語を味わいたい時期です。映画や小説など、主人公に感情移入をして喜怒哀楽を感じると、心のエクササイズになり、日常でも感情が豊かに。

　また1人時間を充実させると運が上がりやすい時です。好きなおやつを用意してダラダラ過ごす日を週に一度は作って。中でも一番大事なのは睡眠。寝具を整える、音や光を調整する、スマホはベッドでは見ないなど熟睡のための工夫を。そうすると夢から重要なメッセージを得られます。

この時期の過ごし方ポイント

前半（2/19～2/29）

冬の海の見納めを。夏にはない静けさと澄んだ空気に包まれて。

中盤（3/1～3/10）

心を開けば、相手も心を開き、新しい流れが生まれるはず。

後半（3/11～3/20）

気分が高ぶったら、文章や絵などで自分を表現してみましょう。

大事にしたい人との縁

たとえ話や空想の話が上手な人に注目しましょう。その斬新な発想力を取り入れるよう意識すると、あなた自身のイマジネーション力もアップするでしょう。

運気的に“旬”の食べ物

春キャベツを積極的に食べましょう。よく見ると芸術的な形をしているキャベツ。葉の形を堪能しながら食べるとアーティスティックなセンスが高まります。

不運を感じた時の模様替え

履かない靴は片づけ、下駄箱周りを整理整頓して靴のお手入れを。靴は、自らを運に乗せるアイテムです。使えないものは処分し、翌日に履く靴以外はしまって。

幸運が訪れる予兆

人の話に心打たれる経験をしたら幸運の予兆。それだけ心が敏感になっているということなので、これから訪れるチャンスをキャッチしやすいでしょう。

Column3

＼教えてLUAさん！／

すぐにネガティブ思考に……　そんな自分をどう変えればいい？

ネガティブ＝悪ではないということを知りましょう

不運に思うことが重なったからといって、自分はそういう宿命なのだとは思わないこと。「そういう時もあるよね」と前向きに考えましょう。「信号で立ち止まることがなくてラッキーだった」「雨に降られずに帰宅できた」といった、小さな喜びを数えていくようにすれば、実はツイている自分に気づけるはずです。決して、自らを呪わないでください。喜びは、循環するもの。そして同様に悲しみや憎しみも循環していきます。あなたはどちらを循環させて生きていきたいですか？

とはいえ、こうした幸運と不運の関係は、人の長所と短所にも似ていて、深く結びついています。迷っていたことで相談事を持ちかけると、ポジティブな人は「いいんじゃない？　すごくいいと思うよ」と背中を押してくれて、ネガティブな人は「こうだから、注意しなければならないし、考え直したほうがいいんじゃない？」と、重要な盲点を指摘してくれるでしょう。

後者のアドバイスで断念するのも人生ですが、指摘された盲点をクリアすれば、バッチリ進めていける可能性もあります。ポジティブ目線だけでは、実行しても失敗に終わるかもしれません。このように、光と闇は背中合わせにあるもの。その両方を俯瞰して把握することで、ベストを尽くせるようになります。

ポジティブとネガティブはどちらも必要なのです。

第5章

関係を深める「相性」占い

相性とは、相手を知り、お互いにわかり合おうとすること。
ここでは、相手との今の関係性を見るのではなく
これからの関わり方や関係を育むためのヒントを得ましょう。

"人とのつながり"が重要なカギを握る時代

相性とは、相手を知って関係を深めること

隣人とどう過ごせるか。どんな関係を築いていけるかで、歩む人生が変わるのも地球人です。特に西洋占星術では2020年から「風の時代」に突入したと言われており、物やお金をどれだけ持っているかが価値基準だった「地の時代」が終わりました。これからは風のエレメント（双子座・天秤座・水瓶座）が得意とする〈情報、人脈、コミュニケーション〉能力をどのくらい持っているかが問われるようになります。いかに情報を操る力に長けているか、いかに様々な人とつながることができるかによって、人生のいろいろなことが変わってくるでしょう。

人とのつながりを考えると、まず気になるのが相性でしょう。そして相性というと「自分と合うか、合わないか」ということを考えてしまいがちです。でも本来の相性とは、相手の性格をより深く知って、お互いにわかり合おうとすること。今の関係性ではなく、関わり方を知ることが大切なのです。

老若男女、年齢も考え方も様々な人がいるこの世界において、どんな人ともうまくつき合い、協力関係を自然と築くためには、「12星座バランスシート」が

助けになってくれます。自分の中の12星座の性質をバランス良く調整し、それと同時に、相手も決して一つの側面だけでできているわけではないのだ、ということに気づかせてくれます。相手の中にもあなたのように12の側面があり、強い部分、弱い部分がある。だとしたら相手の一面だけをとらえて「好き」「嫌い」というのはもったいないことです。ある一面ではわかり合えなかったとしても、その他の一面では意気投合したり、協力し合えたり、刺激を与え合って素晴らしいものをクリエイトできる相手だったりもするのです。そういう貴重な存在を、ただの一面だけを見て一刀両断してしまわないでください。

ここからは相手の星座ごとに、どのような行動をとるとコミュニケーションがうまくいくかを解説していきます。気になる人、周りの人の星座のページをチェックしてもいいですし、「12星座バランスチェック」を相手の気持ちになってやってみて、その人が持つ強い性質の星座を読むのもいいでしょう。人間同士の理解が進めば進むほど、社会は生きやすくなります。誰とも戦うことなく、お互いのいい部分を活かして支え合って生きていけるようになるでしょう。

「あの人と会うのが嫌だな」「もう誰にも会いたくない……」と人との関わりが煩わしくなった時に、ぜひこのページを開いてください。

相手が♈牡羊座の場合

こちらから積極的に頼ることで味方につけて

いつも強気でパワフル、単刀直入な返事をくれる親分肌。敵にすると厄介ですが、味方につけておいて損はありません。落ち込んだ時に叱咤してもらったり、悩み相談をして一緒に打開策を考えてもらうなど、こちらから頼る姿勢を見せていくと、力になってくれるでしょう。

また新しいことや珍しいことが大好き。新プロジェクトや新オープンの店に誘うと、二つ返事でOKしてくれるはず。スピーディーさも特徴で、理解したら即行動。相談事や頼み事は、なるべく行き詰まってからにしたほうがいいかもしれません。肉体面も強靭なので、運動につき合ってもらうのもいいでしょう。

牡羊座が喜ぶ一言
「さすが、やっぱり違うね！」

リーダーシップを取りたがる牡羊座は、人よりも上のポジションにいることが大切。あなたは他とは違う特別な存在で、凡人にはまねのできない偉業を成し遂げる人だと思っていることをアピールして。贈り物をするなら「へ～」と思わせるトリビアのある逸品がおすすめ。

相手が♉牡牛座の場合

相手の言葉や時間を無下にしないこと

おっとりしているようで、常に周囲に目を光らせ、現実を把握することに力を注いでいるのが牡牛座。そのため超リアリストです。相談事を持ちかければ、実体験をもとにシビアな言葉がもらえるはず。この時、何を言われても反論は厳禁。「せっかくあなたに時間を費やしてあげたのに！」と怒りを買うことに。あまり感情的になることはないですが、されて嫌だったことは牡牛座の脳内メモリに記憶され、蓄積されたマイナス点がリミッターを超えた時、怒りの鉄拳をふるうでしょう。また物の質の良さを見抜けるのが牡牛座です。グルメや良品の情報を聞いてみて。審美眼を褒めるとご機嫌に。

牡牛座が喜ぶ一言
「一緒にいると、ホッとするんだよね」

全方位が「安心と安定」に守られた状況を好みます。このセリフを聞いて安心感を覚えたら心を開いてくれるかも。贈り物は食べ物に限ります。「おいしいって評判なんだ」「お口に合うと嬉しいんだけど……」と食いしん坊心をくすぐる一言を添えて。

相手が♊双子座の場合

実は気にしがちな性格を理解してあげて

普段からあちこち動き回り、いろいろな人の間を転々としている双子座。トレンドキャッチ能力が高く流行りの情報を教えてくれる強い味方です。知人の噂話から芸能人のゴシップまで「教えて」と言わなくても意気揚々と話し始めるでしょう。

注意したい点は、誰にも知られたくない情報は教えないこと。双子座の口から、ポロッと漏洩してしまう可能性が大です。反面、それを承知で相談を持ちかけてみるのもあり。「こう言われたならこう言わないと！」など状況に応じた具体的なアドバイスをくれるでしょう。

ただしフランクな一方、実はかなりナイーブなので、雑に扱わないで。

双子座が喜ぶ一言

「なるほど〜、物知りだね」

いつもおしゃべりの絶えない双子座ですが、話の内容に疑問を呈したり、「それ、知ってる！」などとさえぎったらおしまい。友好的な合いの手で理解者と思わせて。贈り物をするなら、流行りものがおすすめですが、すでに持っている可能性もあるので探りを入れてみて。

相手が♋蟹座の場合

絶対に裏切らないと信じさせてあげて

母親のような献身を見せてくれるのが蟹座です。困り事は、まずこの人に打ち明けると喜んで相談に乗ってくれるはず。「できることなら力になるから……」と応援してくれたり、一緒に悪態をついてくれたり、一体感を見せてくれます。ただしその分、裏切りには敏感です。その人のことは永遠に許さず、態度が180度変わるでしょう。冷たいと感じるかもしれませんが、それだけ傷ついているのです。そんな本当の気持ちを見抜いてあげられれば仲間として認めてもらえるでしょう。

また料理や掃除が好きな人も多いため、家事を楽しむノウハウを伝授してもらうのもおすすめです。

蟹座が喜ぶ一言

「あなただから言えるんだけど……」

敵味方を区別して、身内と判断した相手にだけ寛容さを示す傾向がある蟹座。その面倒見の良さを引き出せればこっちのもの。「あなたはわかってくれると思ってた！」など同志的な発言で、仲間意識を触発してみましょう。贈り物は物よりも一緒に贈るメッセージが重要。

相手が♌獅子座の場合

相手の表現を肯定し同志として賞賛

「他者に〝私という人物〟を知らしめるには、どのようにすればいいのか？」がテーマの獅子座。そのため人の上に立つことにはそれほど興味はなく、ただ自分を表現して認められることを望んでいるだけ。その点を理解しておけばつき合うのに難しいことはありません。

また面倒見がいいので、窮地に追い込まれた時や、「死んでしまいたい」と思うほど落ち込んでいる時も、獅子座に相談してみましょう。その時のポイントは、「あなたが私の立場だったらどうする？」と、問いかけることです。自分だったらその状況をどう演じるかをイメージして、叱咤激励してくれるはず。

獅子座が喜ぶ一言

「すごい！　憧れます」

人生の主人公でありたい獅子座は、常に周囲の視線は自分に向けられていると思っています。聞き流したり、適当な返事をするのは言語道断。とにかく褒め言葉が大事です。贈り物は「光るもの」がおすすめ。女性はラメやスパンコール、男性にはメタリックな輝きが◎。

相手が♍乙女座の場合

頼ると喜ぶものの頼りすぎには要注意

状況判断能力が高く、人への気配りができる乙女座。誰が何をしているのか、今はどういう行動をすべきか、細かい点まで見逃しません。そのため作業を進める際の段取りや、トラブルが起きた際のフォローをお願いすると間違いないでしょう。

ただし乙女座は完璧主義ゆえに、すべきことを抱えすぎても、周囲にSOSを出せません。何でもかんでも頼りすぎると、いつか倒れてしまうので気をつけて。してもらったらお礼を欠かさないことも大切。

また食べ物や衣類、サプリなどに詳しい人が多いのも特徴。本当に身体にいいものは何か、アドバイスを求めるといいでしょう。

乙女座が喜ぶ一言

「意外と〇〇だね！」

まじめ・几帳面・完璧主義は、乙女座を落胆させるNGワード。「意外とお茶目・可愛い・着眼点が鋭い」など、遊び心や持ち前のセンスを褒めたたえるような言葉がポイント。贈り物は実用性のあるものがおすすめ。中でも文具なら外さないでしょう。

相手が♎天秤座の場合

そのイエス・ノーが本心かを慎重に見極める

人間を見る視点が鋭い天秤座。悩みを相談すれば盲点に気づかせてくれたり、上手な相手のなだめ方や意見の通し方など上級テクを教えてもらえるはず。天秤座からいい情報をゲットするには、具体的な質問を遠慮なくすることが重要です。ただし中立の立場を守ろうとするあまり、本当は「ノー」なのに「イエス」と言っていることがあります。本心を見抜いてあげることが大事です。

また大人としてのマナーを問われる場面で「こんな時、どうしたらいいと思う？」とアドバイスを求めるといいでしょう。似合う似合わないの判断も確かなのでショッピングに同行してもらうのもおすすめです。

天秤座が喜ぶ一言

「いつもおしゃれだよね」

服や持ち物選びには人一倍、こだわりがあるのが天秤座。その点を褒めるのが一番、心に響きます。また人間関係を重んじるので「○○さんが褒めていたよ」など、第三者を介しての褒め言葉を伝えるのも効果大。贈り物は、持ち帰る時にも様になる花束が一番喜びそう。

相手が♏蠍座の場合

一線を引いてつき合うか運命共同体になるか

心を通わせた人のためなら、その身を投げ捨てても構わない一途さを見せる蠍座。秘密や悩みを打ち明けられると、惜しみなく力と時間を費やしてくれるでしょう。秘密が深刻であるほど、「こんな心の内を、私に話してくれるなんて！」と、自分を信頼してくれた相手を助けたい一心でできる限りのことをしてくれます。

ただしとても真剣なので生半可な気持ちで向き合うのは非情に危険。関わったら最後、運命共同体になるくらいの気構えが必要です。途中で逃げ出せば、泥沼化は必至。

また一度、何かを始めたら周りが一切見えなくなるので、集中モードに入ったら邪魔をするのは厳禁です。

蠍座が喜ぶ一言

「はじめて人に話すんだけど……」

目に見えないつながりに喜びを感じる蠍座にはスペシャル感がカギ。「運命だと思っていた」などスピリチュアルな縁を感じさせるフレーズも効きます。贈り物は、「修道院で作られたお酒」「パワースポットで採れた石」など、神秘的ないわくのあるものを好みます。

相手が ♐ 射手座の場合

背中を押してもらいつつ約束のリマインドは必須

　チャレンジ精神にあふれ、より良い未来を信じている射手座。夢や目標に向かいたい時は心強い味方です。諦めかけていることも「おもしろそうじゃない！」「やってみたら？」「まだわからないよ！」と勇気を与えてくれるはず。何かを始めるためのモチベーションを高める役として右に出る者はいません。
　ただしどんなことも「いいよ、いいよ」と安請け合いをして時間を守らない、物を返さないなどルーズな一面が。口頭での約束事はほぼ忘れているのであとからメールでリマインドを。また調子がいいと饒舌ですが、都合が悪いと無口になるため、言葉数の少ない時は要注意です。

射手座が喜ぶ一言

「へ〜、よく知ってるね！」

　様々なことを嗜んでいる射手座は、会話の中で「〇〇らしいよ」などの受け売りが頻出。この一言で会話を盛り上げた後、相手から話題を変えられたら、それ以上ネタがないということなので蒸し返さないこと。贈り物は本が一押し。知的に評価されていることに喜ぶはず。

相手が ♑ 山羊座の場合

理性的な助言には確実にお礼を

　常に状況に即した判断ができる山羊座。契約や交渉の不安要素を拭いたい時には強い味方です。事実だけを見つめて冷静なアドバイスをくれるでしょう。ただし感情的になって山羊座と対峙するのは危険。冷静に言い返されて勝ち目はありません。
　また物事の大局を見る目を持っており、社会情勢やこれからの時代について意見を聞きたい時は山羊座の見解は大いに参考になるでしょう。
　注意しなければならないのは、基本的にすべてギブ・アンド・テイクの関係の上に成り立つこと。山羊座から受け取っているだけではNG。それなりの対価となるお返しを忘れないようにしましょう。

山羊座が喜ぶ一言

「〇〇さんと知り合いなんてすごい！」

　人に認められることに喜びを感じる山羊座。本人の素晴らしさに尊敬のまなざしを向けることはもちろんですが、社会的有力者とのつながりを賞賛するのも喜びポイント。贈り物は長く使える実用品か、時間にまつわるもの、ビンテージワインや時計、カレンダーなどが◎。

相手が♒水瓶座の場合

その場に革命を起こしたい時の強い味方

社会の中にあっても、心と思考は常に自由なのが水瓶座。怒られている時ですら、その状況をおもしろがっているなど俯瞰して場を観察しています。その物の見方を伝授してもらえば、どんな状況にも打開策が見えてくるはず。また分析力と弁論力が高く、古い慣習の弊害を説いて目上に直談判するなど、革命家のように力を尽くしてくれるでしょう。

あらゆる約束を「束縛」と感じやすく、特に2~3週間後という微妙に先の予定が苦手。数ヵ月前から予約するか、当日に誘うかのどちらかを好みます。またどんなに仲が良くても一定の距離を置き、会うたびに新鮮さを味わえる関係が理想です。

水瓶座が喜ぶ一言

「やっぱり変わってるね」

個性がウリの水瓶座にとっては褒め言葉。その人ならではのオリジナリティを褒めましょう。贈り物は、価格やブランド、流行や実用性は無視してOK。「どこで見つけたの!?」と言いたくなるような珍品、宇宙グッズや化石など、時空を越えたスペクタル・ギフトも喜びます。

相手が♓魚座の場合

ミラクルな直感力を高く評価してあげて

鋭い直感力に恵まれている魚座。「何となくいい／悪い」という感覚に外れはありません。「この人物は信じるに値するか？」など迷った時に意見を聞いてみるといいでしょう。また人の気持ちを汲むのが得意なので「誰も自分のことを理解してくれない……」と不安を抱いた時には共感して励ましてくれるはず。

人のために尽くすことに自分の存在価値を見出すため、いつの間にか相手に依存していることも。何の感謝もないと、不信感をため込み「利用された」「こんなにしてあげたのに」など被害妄想を生みがちです。様子がおかしかったらすぐ謝るのが望ましいでしょう。

魚座が喜ぶ一言

「偉い！　頑張ったね」

人から必要とされたいと願っている魚座には労いの言葉が効きます。また「優しいね」「人がいいわ」など心根の良さを褒めるのも好評なよう。贈り物は、実用性よりも物語性を重視。夢のあるデザインのものも好みます。またスピリチュアル系のグッズも喜ぶでしょう。

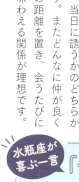

著／LUA

幼少期からオカルトと神秘の世界に関心を抱き、コンピューター・グラフィックスのデザイナーを経て2004年に占術家に転身。西洋占星術、タロット、ルーン、ダウジング、数秘術などを習得。現在は、雑誌・書籍・WEBなどの各メディアでの占い関連の原稿の執筆と監修を行っている。蜘蛛とホラーをこよなく愛している。
http://www.luaspider.com/

デザイン
菅野涼子（説話社）
本文挿絵
桃色ポワソン
構成・編集
山田奈緒子（マイカレ）
企画・編集
尾形和華（成美堂出版編集部）

LUAの12星座占い

著　者　LUA《ルア》
発行者　深見公子
発行所　成美堂出版
〒162-8445　東京都新宿区新小川町1-7
電話(03)5206-8151　FAX(03)5206-8159
印　刷　広研印刷株式会社

ISBN978-4-415-33454-7
落丁・乱丁などの不良本はお取り替えします
定価はカバーに表示してあります